厚德共济 清华可期

一位父亲的教子历程

满　樽◎著

安徽师范大学出版社

·芜湖·

图书在版编目(CIP)数据

厚德共济 清华可期：一位父亲的教子历程 / 满樽著. — 芜湖：安徽师范大学出版社，
2018.9(2019.8修订重印)
ISBN 978-7-5676-3782-5

Ⅰ.①厚… Ⅱ.①满… Ⅲ.①家庭教育 Ⅳ.①G78

中国版本图书馆CIP数据核字(2018)第214836号

厚德共济 清华可期：一位父亲的教子历程
HOUDE GONGJI QINGHUA KEQI

满樽◎著

责任编辑：胡志恒
装帧设计：任　彤
出版发行：安徽师范大学出版社
　　　　　芜湖市九华南路189号安徽师范大学花津校区
网　　址：http://www.ahnupress.com/
发 行 部：0553-3883578　5910327　5910310(传真)
印　　刷：江苏凤凰数码印务有限公司
版　　次：2018年9月第1版
印　　次：2019年8月第2次印刷
规　　格：700 mm×1000 mm　1/16
印　　张：14.5
字　　数：230千字
书　　号：ISBN 978-7-5676-3782-5
定　　价：39.80元

如发现印装质量问题，影响阅读，请与发行部联系调换。

序言：感动·感慨·感叹

初读满樽老师写的《厚德共济 清华可期——一位父亲的教子历程》书稿，一阵清香扑鼻而来。书中浓浓的父女情深，朴实而睿智的育儿方式，作者开阔的胸怀和敏捷的文采都给我留下了深刻的印象，让我感动、感慨和感叹。

感动这位心细如发的父亲坚持为女儿的成长写故事，甚至当女儿已经进入大学之后，父亲仍没有间断他的絮絮叨叨，或许作为父亲的他早已习惯在文字里、在灵魂深处与女儿对话，传递他的教育理念，尽管文字谈不上优美，词藻谈不上华丽，但正是这份朴实，让我们更感觉真实可亲，可模仿可操作，因为你我同为普通父母，都有一颗拳拳爱子之心，都有着对子女成长的满满期待，但为何有的家长却将期待变为孩子生命中不可承受之重负？有的家长将满腔之爱变成无穷之焦虑，可见要成为一名智慧父母并不那么简单。或许我们可以从满樽老师的家教理念中获得启示。

感慨今天许多教育机构都以"智慧陪伴，静等花开"这样的标题开设家庭教育培训讲座，但试问能有几人会像满樽老师这样真正做到智慧陪伴，静等花开？这样坚持为女儿撰写周记？从功课学习到住宿生活，从学习态度到学习方法，从作息时间到食堂吃饭等都有涉及，事无巨细，父亲的目光始终捕捉着孩子点点滴滴的成长。书中写道："家庭教育是一项漫长而细致的工程，很多事情的处理，家长需要很好的思考，家长孩子共同成长。我通过撰写周记，能抓住重点，促进了自己深入思考，给予孩子及时而理性的指导。孩子阅读周记，感受父爱，乐于接受指导。"阅读此书之后，相信你一定会有所心动，但是是否会有所行动呢？

感叹书中的父女情深,曾经看过这么一段话:男人这辈子能够真正蜕变成长,有三个重要的人,第一个是母亲,第二个是妻子,假如妻子都没能让他懂得生活的责任和意义,那么最后一次机会就是拥有一个女儿。母亲代表着养育之恩,妻子代表着两性关系,而女儿则代表着任重道远的关爱守护。刘墉在《一生能有多少爱》一书里,把女儿比喻成了爸爸的前世情人,抒发自己对女儿的深深爱意,这句话被很多人用于形容父女关系的亲密和谐。现实情况却是,在飞速发展的时代背景下,许多父亲或忙于赚钱养家,或忙于求取功名,或忙于应酬玩耍……在孩子成长过程中是角色缺位的,这也就是为什么2014年上映的真人秀电影《爸爸去哪儿》大受欢迎的原因。家庭教育中呼唤爸爸角色的暖心回归也是此书出版发行之重要意义。

我们通常以父爱如山来形容父亲在培育孩子过程中的坚毅粗犷、挺拔伟岸,像撼不动的山那样,而本书中满樽老师呈现的父爱则如春江之水,绵长温润,可能与我们生活的这方水土有关,与江南的雨及温润的风有关。其实满樽老师是从北方平原乡村走出来的教师,内心有粗犷憨直的秉性,来到上海工作已近二十年。十多年来,他一直勤奋好学,对教育学、心理学有丰富的积累,对家庭教育理论学习和实践投入了大量精力,同时他也是一位二级心理咨询师。更难能可贵的是运用积极心理学原理在女儿身上的成功实践,充分证明厚德共济,德智体全面发展,一个普通人家的普通女孩也是可以考入中国最高学府——清华大学,在此向满樽老师和他女儿表示诚挚的祝福!

期待满樽老师积极发挥他对家庭教育研究的优势和切身体验,能够给越来越多的家长带来更多正能量!让家长和学生面对中考高考少一些焦虑!让更多家庭亲子关系更和谐美好!

上海市中小学心理辅导协会副理事长
上海市中小学心理健康专业委员会主任
张 海
2018年3月5日

厚德共济，清华可期

2016年9月下旬一天傍晚，女儿满溪柳在北京给我发来了一条微信："老爸，我考上了清华大学研究生，预录取清华大学数据科学和信息技术专业研究生。"我回复："好啊，好啊！可喜可贺！可喜可贺！你与清华有缘啊！"

2006年7月，到北京参加心理学会议，我带女儿游了清华园。在清华园门前给女儿照了一张相。那时女儿刚刚小学毕业。

2010年11月，我写了一篇短文《清华只是人生站点之一》。文中强调，人生站点很多，清华是很好的站点，但不是了不得的事情，不是顶尖大学也没有关系，人生之路还很长。高考顺利上了清华北大，将来也未必辉煌。高考不顺，你有凌云志，不是顶尖大学你也可以成为顶尖人才。这一站没有如愿，下一站到清华读研读博也很棒啊。

2016年9月，女儿满溪柳十年后又走进了清华门，参加面试并且顺利通过，成绩面试第一。

满溪柳在同济大学三年学习，专业课优秀，学生干部工作表现突出，策划组织课题研究并获上海市大学生创新创意大奖。除此之外，民乐演奏、打乒乓球在校园都是出类拔萃的。有这样的实力，找工作读研机会多多。9月，顺利拿到了保送资格，参加了清华大学研究生面试，凭借实力，取得了面试好成绩，拿到了预录取资格。

在女儿读高中时期，没有期望她读985大学，只是鼓励她要有优秀表现，每一天每一周安排好生活、安排好学习。

读同济大学时期，支持她参加民乐团排练和演出，鼓励她做好学生干部工作，希望她经常打乒乓球，认真学习专业课，甚至告诉她专业课成绩是良好也没有问题。在大二第一学期，她创意策划了一个课题，受到学校大力支持。我积极鼓励她，即使在其他方面减少时间，也要尽力把课题做好。我也很看重大学生的创新实践能力。大学生的创新实践能力，可能是清华大学考察学生的重要指标。

与其临渊羡鱼，不如退而结网。

清华北大，可遇而不可求！千里之行，始于足下，小学初中不抢跑道，有耐心有韧性，打好基础练好内功，打好人格的底子，学习做事，有责任讲担当。水到渠成，成功必会不期而至！这就是我想强调的"厚德"。所谓共济，就是亲子共同成长。爱心至，是说绝大部分家长会说："我爱孩子，我所做的是为孩子好。"家长朋友，你有爱心就要好好表达，要让孩子感受到你的爱，当然不是百依百顺的爱而是理性的爱；有爱心，你就要有耐心地修炼；有爱心，你就为孩子成长而学习思考。"有一种冷，是妈妈觉得你冷。"你有爱心，你就要尊重孩子，学会换位思考，要感同身受，而不是包办代替。

以"厚德"为目标，用"共济"做方法，孩子就会健康成长，亲子幸福就不期而至。巧合的是，同济和清华是孩子求学成长的地方。"厚德载物"是清华的校训；"共济"也有"同济"之意，"同舟共济，自强不息"是同济大学所宣扬的精神。

厚德共济，清华是可以期待的，当然清华只是好选项之一。

满 樽

2018年5月

目　录

第一章　全面发展，幸福成长

家长的教育焦虑

孩子读初中期间，甚至读小学阶段，为数众多的家长紧张焦虑。这已成为当下社会热议的"教育焦虑"现象。

前麦肯锡董事合伙人、清华校友李一诺（现做教育公益事业）强调："我见过太多世界的可笑。其实所有在教育里挣大钱的公司只有一个商业模式，就是最大程度地发现、制造、利用和变现家长的焦虑。我们大多数家长缺乏独立思考。"

有一句大家常说的经典名言——十年树木，百年树人。很多家长说，当下社会日新月异飞速发展，大道理是不是不合时宜了？我们既要脚踏实地也要仰望星空。当下社会，我们家长"仰望星空"越来越少，走着走着，我们就迷失了方向，情怀少了、诗意少了。

我想，我们做不到"高大上"，最起码要有"十年树人"观念吧。十多年时间，我们要有统筹规划，科学安排，循序渐进，为孩子打下健康良好的人格基础,陪伴孩子幸福成长,一天一天培养孩子良好的生活习惯、学习习惯。孩子素质好能力强,自然就会收获成功。当然,孩子参加考试也会成功。这里所说的考试,是高考,是比较重大的目标,而不是无数次小考。小考,我们也认真对待,但不必过分紧张。过分关注小考,反而偏离了通向大目标大考的科学路径。因此,不应焦虑地紧盯眼前的考试和排名,甚至中考也不必过分看重。家长教育孩子要有大局观,淡化分数和名次。如果单讲孩子考试的话,那就尽可能看远一些,以高考为目标。如果把人生比作马拉松的话,那么高考"半马"也算不上,5000米长跑,小学初中阶段要放到5000米长跑里统筹规划,而不是慌慌张张竭尽全力拿出百米冲刺的样子。

我们培养孩子如同开车前往远方。带着焦虑情绪急功近利,我们就会一路朝前,一直寻找最近距离,在前段时间我们距离目的地看起来是近了,但后段时间却快不起来,到最后我们到达目的地时间反而是晚的。如果我们刚开始就统筹规划,愿意花时间寻找高速路口,在前段时间,左转右转甚至还需要向反方向走,但我们坚持,在找到高速路口时,我们距离目的地不是近了而是远了,但没关系,我们胸有成竹,上了高速就会快起来,接下来我们就可以更快地到达目的地。

我们要做的是每一天关注和培养孩子的生活习惯和学习习惯,充分保护孩子的学习热情,积极培养孩子的学习能力,帮助孩子"练好内功"。古人强调,"功夫在诗外"。家长要鼓励孩子学习体育项目,学习音乐、绘画,可以给孩子安排丰富多彩的学习生活,为孩子未来打好基础,而不是单单学习语数外。丰富多样的课外学习,滋养孩子心灵,同时让孩子真切感受真情实感,也会提高孩子的语文写作能力。孩子要全面发展,有特长,讲责任敢担当。

多数家长会说爱孩子,为孩子花钱,为孩子发脾气,还强词夺理说都是为孩子好。其实爱孩子的最好方式,是亲子共济,家长要学习,有爱心讲科学,多欣赏鼓励孩子,孩子在挫折中成长,家长要多一些耐心,好孩子是一天天滋养出来的!家长要拿出实际行动,与孩子一起成长!

猫爸弱，虎妈强；
讲科学，好家长。
弟子规，龙凤愿；
爱心至，方实现！

第一节　孩子初中时期的故事

孩子在挫折中成长（也谈中考）

高考是大事，社会上许多部门都很紧张。但是，迎接中考的学生和家长，面对中考也是备感紧张。

我孩子高中时期很优秀，高考顺利，上了名牌大学，现在就读清华大学研究生院。但是，几年前中考的故事还是记忆犹新。

中考前，我孩子进入了"推优名单"，但后来选错了学校浪费了机会，而她的多位同班同学被上海市重点学校预录取。学校优秀生推荐，没有选择本区的建平中学，而是选择了上海市名气更大的一所学校。后来得知"推优"是很复杂的事，有潜规则。这对孩子是个很大的打击，遭遇人生第一次影响较大的挫折。孩子回到家，讲班里同学被预录取情况时，伤心地哭了。这时，我只有承认错误，安慰孩子，鼓励孩子。

没有想到，接下来是更大的挫折。在迎接中考时间，我鼓励孩子，我们有实力有希望考上更好的学校。但是，在最后复习阶段，对物理化学两科重视不够，再加上考场上一些意外干扰，中考没有发挥好，最后上了名气不大的一所市重点。中考结束后，孩子在家里大哭一场，伤心极了。看到孩子伤心,我也很难过。我这时只有安慰她、陪伴她。当天,半夜了,看看孩子睡得怎样,不放心啊!

孩子到高中以后,三年时间更是综合素质的竞争。和孩子初中阶段一起的同学,有许多上了名气大的市重点,甚至有多位同学上了上海市"四大名校",但是高考上名牌大学的却很少。孩子初中同班同学,小李和小庄两个男同学,中考考得很好,上了上海市名气很大的高中,但高考成绩却一般般,甚至其中一个上了二本院校。孩子的高中同学,小袁和小姜两个女同学,中考没有考好,高考成绩优秀,一个交大,一个上外。

高中阶段,孩子自己努力很重要,家长支持也很重要,当然家长支持要科学合理。因此,什么样的高中学校不是很重要。有的家长信奉一种逻辑,要上名牌大学,就要上名牌高中,以此倒推就想着要上名牌初中等等。多数家长"名校逻辑"直接造成"天价学区房"现象,当然那是名校学区房,而不是普通学校的学区房。家长把过多的期望寄托在学校,接下来可能是失望。我不赞成由大学到高中到初中甚至小学一路名校的逻辑。为了孩子上名校,有些家长大动干戈费尽心思,到后来很难如愿。我认为学生家长要把关注点放在自己身上,放在孩子身上。家长要有亲子共同成长的信念,理解鼓励孩子,和孩子一起积极面对问题,解决学习问题,解决生活烦恼。

人在挫折中成长,孩子更是如此!

小贴士

情商——情感智能

当下很多家长知道孩子的情商很重要,但常常对情商理解片面甚至误解,较多地认为孩子情感外向、情绪容易激动是情商高,认为会讨好别人是情商高,这都是误解。情商中抗挫折能力是非常重要的,也就是以乐观态度对待挑战的能力。

情感智能主要包括5种能力：

（1）了解和表达自己情感的能力，真正知道自己确实感受的能力。

（2）控制自己感情和延缓满足自己欲望的能力。

（3）了解别人的情感以及对别人的情感作出适当反应的能力。

（4）能否以乐观态度对待挑战的能力。

（5）处理人际关系的能力。

"情感商数"高的人能够控制自己的感情冲动，不求一时的痛快和满足；懂得如何激发自己不断努力；与人交往中善于理解别人的暗示，这样的人能了解人生遇到的荣辱成败。父母具备这些素质并能给予指导，孩子就很容易具备这些素质。

家长可以从以下几方面培养孩子的情感智能：

（1）培养孩子正确的情绪反应，使孩子提早形成正确的情绪习惯。

（2）学会准确表达自己的感觉。与人沟通往往因为不能准确表达各自的感觉和想法，而造成偏见和误会。

（3）帮助孩子学会控制自己的欲望。家长可以通过生活中的事例让孩子明白，一个人想实现自己的愿望要经过不懈的努力，去克服种种困难。

中考后的暑假是磨刀还是砍柴？

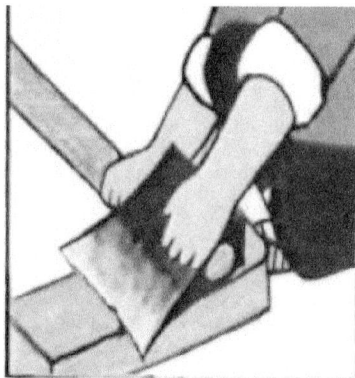

成绩较好的学生，特别准备上市重点区重点的，在中考后，争先恐后补课，上补习班，提前学习高一的内容。仿佛要提前抢跑道，焦虑、从众、无奈。

其实，这一段两个多月的时间，应该好好规划规划，而不是不假思索地上补习班。古人讲：一张一弛，文武之道。初三年级学习紧张辛苦,现在正是休息调整的好时间。当然,也是反思积蓄综合实力的好时间。

中考后要学什么?反思初中几年的学习和生活,学习方法科学合理吗?学习习惯是否良好?这时要好好仰望星空,抬起头看看高三的目标,而不是仅仅砍柴,现在恰好是磨刀的好时间。给自己全面的营养补充,而不是偏食挑食,因为前面的路还有很远很远,我们要准备好体力,我们要开阔视野,要学会选择和辨别。我们要全方位地成长!

这个暑假,给孩子学习生活安排丰富一些是很有必要的。做一点家务事,时间可以少,但认真仔细地做,也会有大收获。旅游旅游,多了解外面的世界。锻炼锻炼身体,好身体什么时间都重要。听音乐,可以探索探索,听出境界听出层次。画画,素描,上培训班也可以,认识自己了解自己,看将来有没有学习桥梁、汽车等方面的基础。在上述学习过程中,逐步学习时间管理,管理好每一天的时间。

上述学习活动中,有的必做,有的根据自己情况选择。另外,有一项内容就是看书。第一,看古今中外名著;第二,看有关培养习惯方面的书;第三,看学习方法与高考方面的书;第四,学习一些英文原著,听一听,读一读,甚至背一背。

在书籍选择上,如果不清楚,建议可以读美国人肖恩写的《杰出青少年的七个习惯》;读一本北京王金战老师的书,如《学习哪有那么难》;可以读一读《明朝那些事儿》。上述几本书是我和孩子一起读过的。另外建议读一本关于思维导图方面的书,这是学习方法方面的书;建议读一读哲学方面的书,如《苏菲的世界》,罗素的《西方的智慧》,杜兰特的《哲学的故事》,美国麦克伦尼的《简单的逻辑学》等,从这些书里任选一本。

我孩子中考后,我安排孩子多弹弹琴,多打打乒乓球,在家里自己练练钢笔字,学学古诗文,学学英语。当然,也带孩子外出旅游。

中考后,我建议家长和孩子静下心来,好好磨刀,学习丰富一些,生活也丰富一些,为9月开学后高中的学习和生活做准备,多培养学习的热情,不建议匆匆忙忙又拿刀砍柴。

孩子学习打乒乓球的故事

孩子在六年级时,也就是初中预备年级,体育课800米测试,是及格等级。这时,我想一定要提高孩子的身体素质,提高孩子的体育成绩。

于是,晚上七八点时,我带孩子在小区里跑步,跑了一个礼拜,孩子不想跑要放弃。我就改变策略,送孩子到乒乓球老师家学习打球。三年下来,孩子乒乓球打得有模有样了,她喜爱上了这项运动。与此同时她还收获了800米跑优秀成绩。其实,在最初要求孩子学乒乓球时,她没有很积极响应,只是勉强答应。我就强调:"你先学一个月两个月试试看,不想学可以放弃。"

孩子读高中,虽然学习任务重,但还是安排她到教练家学习打乒乓球,孩子成了全校乒乓高手,提高了孩子的自信心。在大学里,打乒乓球也成为她的一项特长,甚至代表学校参加了上海市乒乓球比赛。

一般地说,要选择孩子喜欢或起码可以接受的学习项目,这样学习效果才会好。家长不宜只站在自己的角度而不考虑孩子的感受,缺乏思考和研究,简单地给孩子安排学习项目,那样结果只能是事与愿违。家长要学会倾听孩子的声音,充分考虑孩子的感受,这样孩子才会有更好的表现。

"别人家的孩子"有多好?

常常有家长说,别人家的孩子为什么那么好,而我的孩子咋就不行呢?

其实，这是一种普遍的心理效应——"甜柠檬效应"。换一句话说，就是"家花没有野花香"。不知道的或得不到的，就会感觉是好的，总感觉人家手里的柠檬是甜的。

"别人家的孩子"是神奇的，无所不能的。因为你只看到邻居家孩子数学好，只看到同事家孩子英语很棒，看到了亲戚家孩子体育成绩优秀，我们对别人家的孩子是"选择性注意"。拿别人的长处和自己孩子短处比，就会对自己孩子进行消极评价。

我们常常看到的是别人光鲜的外表，看到别人成功的光环，却忽略了人家走在路上的艰辛。"看似寻常最奇崛，成如容易却艰辛。""两句三年得，一吟双泪流。"这些古诗揭示了成功背后的艰辛。

现在有孩子说："你看别人家的爸爸，你看别人家的妈！"是啊，做家长的，我们看到了别人家学习好的孩子表现，有没有了解那个孩子的爸妈是如何陪伴孩子的？是如何有耐心、如何抵制手机诱惑的？是不是我们根本就不想知道别人家的家长有多好？《中国诗词大会》第二季总冠军武亦姝，2019年被清华大学高分录取。这是典型的"别人家的孩子"，有耀眼的光环，其父亲每天下午早早关掉手机专心陪伴孩子。同时，值得注意的是武亦姝小学毕业时，并不是出类拔萃遥遥领先的。我们既要看到别人家孩子优秀，更要相信别人家的家长耐心和坚持。

退一步说，自己孩子真的落后，我们想想如何选择？如果你都不爱这孩子，这世界还会有几人爱他呢？不要抱怨没有好牌，而是积极打好手中的牌。和孩子一起积极面对当下，一起努力，一起克服困难，这样未来就会更有希望。

因为孩子作业多而焦虑失眠

孩子初中所在的班级是重点班,又叫招呼班。先画两个圈,对外声称办两个招呼班,有名气大的老师任教。很多家长就会想发设法把孩子弄进招呼班。当然,这两个班有很多学习成绩好的学生,同时也会有不少学习成绩差的学生。

相比普通班,这样的班级学生平均分会高很多,但教学模式和其他班没有差别,甚至学生作业更多。

作为教师,我认为,这样的班级更应该搞分层教学,学生作业量更应该分层设计,更应该体现因材施教的教育原则。

学生作业量更应该分层设计,更应该体现因材施教的教育原则。

孩子学习成绩好,但是作业过多,睡眠时间不足。我给孩子老师说过,我孩子作业量减少一半,我保证她学习成绩是好的。我知道初中学生课业负担重,对未来发展是不利的。为此,我焦虑失眠大约有半个月时间。无奈,担忧,为孩子上学,我一个大男人,流泪了。

有家长把小孩送到离家远的学校,孩子远离亲人,对他成长也是很不利的。孩子是需要亲情滋养,同时大人也需要爱的付出。

多年来,据我观察,初中阶段学生过重的课业负担,削弱了学生学习兴趣,降低了学生学习效率,不利于学生的全面发展。因为课业负担过重,导致初中学生普遍睡眠不足,这对学生身体生长发育造成了很大的不利影响,包括对学生大脑的发育也是不利的。科学研究发现,人的大脑要到十八岁之后,甚至到二十五岁才发育完成。因此,睡眠时间不足的初中学生,大脑发育会受到不良影响。

上海市著名校长张人利,强调"茶馆式教学"。我个人预测未来的教育,学生进入学校,应该是"菜单式教育"。当然,菜单不是由学生自己来随意点菜,而是学生、家长和学校三方共同商量的菜单。未来教育理应是更个性化更人性化的教育,真正体现以学生发展为中心,体现家长的重要性,尊重家长的选择。

　　孩子读六年级时，因为每天回家作业太多，放弃了书法（毛笔字）学习，现在想来，那也是遗憾而无奈的事情。从小学三年级开始学习琵琶和书法，琵琶学习一直坚持到高中三年级（因民乐特长，高考有20分加分），大学期间参加了学校民乐团。

孩子小学时，几个老师大不同

　　小学时期，孩子多年的班主任是赵凌老师，教语文，对学生有爱心有方法，很受学生喜爱。

　　至今还记得，一次家长会，赵老师拿着全班学生的成绩单，告诉我孩子期中考试班级十几名。其实，那时我对孩子学习就有信心，当然不看重眼前成绩和排名。因为孩子小学时就喜欢看书，看童话，看《上下五千年》，孩子学习积极性高，积极主动地完成作业。

　　满溪柳在小学三年级时，转入了离家近的逸夫小学，这是浦东新区惠南镇20世纪90年代新建的学校。进入新学校，第一天就被数学老师骂哭了，原因是满溪柳没有带练习册。这本来是家长的过错，老师却对孩子下狠手。这是我对逸夫小学一个最坏的印象。学生没有带练习册，老师应问明情况，告诉学生以后不要忘记了。完全不应该严肃批评，如果是第二次或者第三次，才应该重视问题，认真解决。

就是这样一位老师，后来企图拉孩子到她家补课，补奥数，当然，老师想的是补课费。孩子回家说老师告诉她数学成绩较好，可以到老师家补奥数。一个师德不高的老师，说什么家长也不会接受的。2003年，对奥数批判还不多，而我是系统学习过教育学心理学的，知道奥数对小学生的消极影响，当然不会给孩子补奥数。

小学三年级四年级，孩子的英语学习不是很好。一次孩子被英语老师留在学校补课。这位黄老师对孩子很亲切，后来黄老师还特地送几个孩子回家。这事，我还是心存感激的。

有时家长有感恩之心，但不一定表达出来。教师的工作不能追求当下的回报，学生感恩、家长感恩是难以考量的。

孩子补课的故事

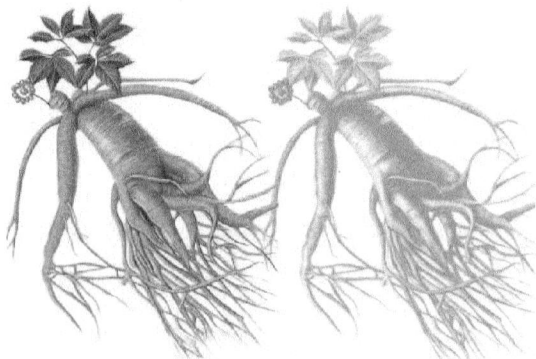

现在很多家长周末状态常是陪孩子补课或是在补课的路上。有的家长说，"别人家的孩子"都在补课，没办法，我们也要补。十多年前，中小学学生补课也是轰轰烈烈的。

我孩子小学三年级，数学老师要我孩子补奥数，我拒绝了，我当时就知道奥数学习的弊端。

那时，有身边朋友积极鼓动我给孩子补英语，而孩子的英语是有点小问题的。我就带着孩子走进了一家补课机构，尝试补英语，老师是外国人。一节课下来，感觉不咋样，同时，老师把"满"写成了"ma"而不是"man"，把姓写错，这样的老师值得怀疑。我选择放弃给孩子补课。过了两三年，一位同事又推荐一位补英语的老师，说老师口语很好。而当时，孩子英语听力考试不好。找了一次，没有及时联系上，又放弃了。

在孩子八年级时，英语学习又遇到问题了，考试成绩下降很多。这时，我不紧张，充满信心，自己想办法，给孩子买了英语书，紧盯孩子"听磁带"环节，充分关注孩子学习英语过程，半年后，孩子英语成绩显著提高了。

孩子高二高三时，我问她要不要补物理补数学，她说不需要。孩子读大学，英语考六级考雅思，都是自己学习，都没有补课。

补课有作用吗？多年来，我观察很多小学生初中生持续多年补课，成绩并不出色，但不补课成绩要下降，形成补课依赖了。家长和孩子的生活都形成了"补课模式"，养成了多年习惯。

我认为，补课肯定有作用，特别是短期看成绩会有提高，短期补课即一个月两个月补课效果会很好，但补课一定不是最好的选择。补课常会导致孩子学习效率下降，学习兴趣降低，主动学习探索能力下降，对孩子长期学习是不利的。

小贴士

科学有效的六大初中生学习方法

一、制定合理的学习计划

1. 制定的一般步骤：第一步是要分析现有的条件，即个人所处的具体环境和自身已经具备的条件；第二步是确定目标。它是主客观两方面因素相结合的产物，并不是空中楼阁。第三步是选用措施。它是实现目标执行计划的保证，包括作息时间的调整，各学科之间的调换和搭配，文体活动的安排等。第四步，也是最后一个步骤，是安排步骤，它要求符合认知的一般规律和循序渐进的原则。

2. 计划制定要遵循的原则：

(1) 确立明确的目标。任何计划的制定都需要明确的目标，目标是一个人前进的灯塔,它是学生向更高层次迈进的基础。

(2)参照生物钟原则。

(3)难易适度性原则。

二、科学预习

1. 预习方法:

(1)要认真读书。先将教材粗读一遍,领会基本大意,然后再反复细读。细读时,可用彩笔在课本上初步勾画出重点、难点、疑难问题。

(2)要认真思考。预习时要运用已有的知识、经验及有关参考材料,进行积极的思考,多问几个为什么,弄清旧知识的内在联系和新内容中的每一个概念、定律、公式等。若有初步的体会和感受,也可适当地作点批注。

(3)要虚心请教。在预习过程中,有些问题虽经过独立的思考(包括查资料),但仍得不到解决,可与同学讨论,必要时要向老师、家长或其他人请教,尽量将问题解决在课前,以便课上集中精力思考一些新问题。

(4)要适当地做些习题和实际操作。预习,可适当地做些习题,以及时检查预习效果,巩固、深化知识系统。如有可能,还可做些必要的操作,现场观察、调查研究等,从而为上新课做些必要的准备。

(5)要认真做好笔记。写预习笔记是预习过程的一个重要环节,我们一定要引起重视。

2. 预习要注意以下几方面内容:

(1)要根据自己的实际,不要全面铺开。预习的好处固然很多,但需要一定的时间,为了保证预习的质量,我们最好先从基础学科(语文、数学、理化、外语)或个人感到困难的学科中选出一两门进行试点,取得经验后再逐步展开。对于个人的优势学科或较易掌握的内容可以不预习或少预习。

(2)时间的安排要服从整体计划。预习的时间要根据实际可能来安排,不要因预习占用过多的时间而打乱了学习的整体计划。时间多时,可多预习一点;时间少时,可少预习一点。有些疑难问题解决不了是正常现象。

(3)要有计划地逐步提高。虽然每个人的情况不同,预习的要求也不一样,但有一点要遵守的,就是循着事物的内部规律有计划地进行预习。

从横的方面说，要由一种学科到多种学科；从纵的方面说，要由浅入深，由低级到高级，如从课前预习到单元预习再到整册预习等。

三、专心听课

1. 集中注意力，专心听讲。有人说，注意力是知识的窗口，不集中注意力，知识的阳光就无法照射进来。这形象地说明了专心听讲在课堂学习中所起的作用是多么重要。那么，如何才能做到集中注意力，专心听讲呢？实践证明，最有效的办法就是必须将获取知识的主要希望寄予课堂。前面已经说过，由于课堂学习在中学阶段具有时间长、效率高等突出优点，因此，我们要努力向课堂四十分钟要质量，力求通过提高课堂学习的效率来减轻课下的负担。基于这样的认识，上课才能做到全神贯注而不至走神。相反，如果本末倒置，不是寄希望于课上解决问题，而是专靠课下加班加点，自然就很难做到集中注意，专心听讲了。

2. 积极思考，努力把握获取知识的主动权。能不能开动脑筋，积极思考是课堂学习的关键。因此，我们在课堂上不能只是张着嘴巴等老师"喂"知识，而应充分发挥自己的主观能动性、提高能力。具体来说，就是对教师所讲的知识要多问几个为什么，要善于从不同的角度，不同的侧面去分析和理解，将问题进行加深和拓宽。只有这样，才能将知识真正掌握，从而做到举一反三，触类旁通。对老师的提问要勇于回答，积极参加课堂讲座和争论，以阐明自己的见解和看法，以培养我们的思维能力和表达能力。苏联当代著名教育家苏霍姆林斯基说："你首先要把自己培养成长思考者，你才能体会和认识到学习是一种幸福，是一种智力活动。"

3. 要理清教师的讲课思路，抓住学科特点和教师的讲课特点来学。思路就是思考线索步骤。是否把握教师的思路，是检验一个学生听课水平高低的标尺。一般来说，教师常用的方法有分析综合法、归纳演绎法、比较分类法等，常用的思维规律同一律、矛盾律，以及量变到质变等等思维规律。从一定意义上讲掌握了科学的思维规律和思维方法，也就掌握了最根本的学习方法。同时，由于每个教师的讲课特点不同，我们的听课方式也应灵活机动。如有的教师语言简练、重点突出、很少重复，这就要求我们听课时要特别集中注意力；有的教师板书整齐条理，这就应将教师的板书及时记下来;有的教师课堂上的导语和下课前的小结往往都是教材的重点和难点,这就应对他的导语和小结予以高度的重视。总之,积极把握住各个学科的不同特点和每个教师的教学风格,才能有的放矢,才能于重点处下功夫,从而取得事半功倍的学习效果。

4. 不钻牛角尖,做好课堂笔记,争取当堂掌握所学内容。课堂上,教师总是一个问题接着一个问题地往下讲。有时,我们会遇到一些听不懂的问题,这时,也不要中断听讲而去死钻"牛角尖",而应先将暂时不懂的问题记下来,留到课后去解决,以保持听课的连续性。否则,如果中断听讲而去死抠某个问题,待到你从"牛角尖"中醒悟过来时,老师已经又讲到其他问题上去了。这样就会因一步掉队而步步被动,甚至造成整堂课都听不懂的严重后果。所以,上课时一定要紧跟老师的思路,不走神,不掉队,不钻"牛角尖",始终保持思维的灵活性和听课的连续性。课堂笔记就是对老师的讲课内容所做的书面记录。俗话说,"好记性不如烂笔头"。这说明,做好课堂笔记,是记忆和理解知识,提高学习成绩的一条重要措施。具体来说,坚持做课堂笔记,可以促使我们思想集中,及时记下老师讲课的要点,重点和难点,便于课后查阅、复习和巩固;同时,由于听课做笔记需要眼、耳、手、脑并用,因此可使大脑接受多种感官的综合刺激,从而加深对老师讲授内容的理解掌握和记忆。

四、学会自己留作业

作业内容因人而异,作业量有时也因人而异,特别是学生毕业前的那一年,自己有了较好的习惯,一部分同学基础已较牢固,就没有必要一定做教师布置的作业,而应根据自己的情况,自己给自己布置作业。但一定要遵循以下原则:(1)实事求是原则。任何人都应该按照自己的具体情况,依据科学的学习方法,去为自己布置作业,不能好高骛远脱离实际情况。(2)以课堂学习为主原则。脱离课堂的学习往往是事倍功半的效果,课堂是学生学习知识、掌握知识的主要阵地,只有充分利用课堂优势,才能取得更好成绩。

五、及时复习

及时复习,指紧跟课堂教学,天天都采用的复习方法。复习贵在及时。这是由"先快后慢"的遗忘规律所决定的。心理学家曾做过这样的实验:让三个组的学生熟记一篇诗歌,第一组间隔一天复习;第二组间隔三天复习;第三组间隔六天复习。达到熟记的统一程度,第一组学生平均需复习四次;第二组平均需要复习六次;第三组平均需要复习七次。可见,复习间隔的时间越短,复习的次数越少。实验结果表明:复习能做到及时,可以提高熟记的结果。然而,学生常出现情况是:课上听课,课下做作业,复习环节省略。这样致使所学的知识的系统性、完整性受到破坏,时间一长所学的知识就会模糊、忘却,不系统不理解的知识是最容易忘记的知识。因此我们必须重视复习。及时复习的程序:

1. 尝试回忆。回忆又称重现,指以前识记过的事物不在眼前,在受外界刺激的影响下,或在主观意识的引动下,旧的映象重新呈现出来。所谓尝试回忆,简单地说,就是独立地把老师课上所讲的内容回忆一遍。这样做实际上就是自己考自己,是逼自己专心致志去动脑筋进行思考的一种方法。其好处有以下三点:(1)能及时检查听课效果,以促使自己积极进取、聚精会神地把课听好。(2)有助于动脑习惯的养成,并能增强、提高个人的记忆效果。(3)能更明确复习的针对性。

2. 阅读教科书。教科书内容系统、严谨、深刻,是一般参考书无法代替的。复习时若不认真钻研教科书,则难以达到教科书的基本要求,也难以系统地掌握中学阶段所学的知识,因为教科书是教与学的唯一凭据。为达到质量较高的阅读,在方法上需用注意到以下几点:(1)圈点勾画。阅读时,把新出现的概念、定义、定理、结论等重点部分,或容易忽略的要点部分,用红色笔勾画出来。(2)提要。在书页的空白处,用少量文字,把书的重要内容简单地概括出来。(3)思录。在书页的空白处,用不同颜色的笔,记录读者思考疑问和收获。

3. 整理课堂笔记。课堂笔记的详略人各有异,但记好听课的重点、难点是学生所共取的。课堂笔记在复习中是尝试回忆、阅读教材的线索和纲目,又要通过阅读教材来整理课堂笔记,使其达到知识深化、简化、系统化。整理笔记的任务有:(1)补。补上该记而没记的内容,使知识系统化。(2)正。更正课堂记录不太准确、用词不当、深度不够的地方。(3)添。添上个人学习的心得、见解、评价等。

4. 看参考书。适当地补充学习参考书是有必要的,但要摆正教材与参考书主从关系。阅读参考书仅是作为学习课本的补充。目的是加宽知识面或加深对教材的理解,选择个别章节或个别知识点做参考性阅读为好。

六、关于考试只想强调一点——考试前不宜开夜车。

心理学已证实,记忆在醒着的时候,其减少、消失是有相当差异的。用功后立刻睡觉,两小时内有记忆的退减,但以后则未见减少。相反地,一直醒着时,用功后八小时记忆仍有显著的减少。也就是说,用功后可以用睡眠来阻止记忆的减少及消失。那么为什么会出现这种现象呢?答案是:只要你醒着,无论维持多安静的状态,人的头脑里都或多或少会有多种干扰情报闯进来。这种情报越来越多,刚刚记忆的事物,便被新涌进的情报所埋没,就显得不鲜明、不醒目。显然考前开夜车当天起得太早,都不利于考试。

教育孩子,家庭成员谁做主?

周杰伦的歌曲与英语听力

(满溪柳小学五年级时的故事)

周末早晨，孩子起床又听起了周杰伦的歌曲。

"你听得清吗？"孩子问我。

我说听不清。

"我听得很清楚。"

我很快想到了前两天孩子的英语考试。

"英语听力考试"你是怎么听的？

"很多同学照样听力部分不丢分，你却失了6分。"

孩子不说话了。我最后总结：喜欢的，认真的，就可以学好！

孩子哭闹不想学书法怎么办？

概况：一年级学生，学习书法两个多月，现在不想学了。家长不同意，孩子哭闹3小时，放弃了一次学习。

孩子：幼儿园开始学习围棋，现在状态很好，经常受到老师表扬。学习书法，两次被老师批评，孩子不开心。两小时学习没有休息，老师纪律要求很严。喜欢画画，从幼儿园到现在都喜欢，希望家长支持。

家长：因为哭闹，家长妥协，以后怎么办？

家长：学习书法对一年级学习认字写字有帮助；学习围棋也有过一次，孩子说不想学，太累，我还是要他练习。

家长：当初选择时，我和孩子商量好的，要坚持。

我强调：

——孩子很小，学习任务不宜过多。贪求太多，未必有好的回报。凡事有度。

——尊重孩子，支持他做有益而有兴趣的事情。

——亲子教育要有弹性。孩子需要爱，孩子不是商业谈判对手。

教育孩子，家庭成员谁做主？

最近和一位退休老干部聊天，他说带孙子学书法学琵琶很忙。

孙子小学一年级，要上的培训班很多，爷爷担心孙子这样会很累，而孩子妈妈要坚持给孩子补课，唯恐输在起跑线上。

另外,孙子的生活习惯不好,晚上11点才睡觉,对此爷爷也很担心。

爷爷强调,孙子的学习生活有儿媳妇负责,老人只是做好配合工作。

在我看来,爷爷是老干部,有丰富的人生阅历和高度的生活智慧,对孙子培养方面的想法和做法更科学,更经得起时间检验,对自己角色定位基本是合理的。小学生甚至初中生要睡眠充足,八九点就该睡觉,以此保障孩子大脑发育。我建议爷爷应该请教育专家给儿媳妇指导一下。

现在较为普遍的现象是,一个家庭里在教育孩子问题上,爷爷奶奶向爸爸妈妈让步,爸爸向妈妈让步。与此同时,最焦虑的通常是妈妈,三个月半年要看到成绩,三年五年后如何考虑甚少,或者有"刻舟求剑"思维,现在好将来也会好。对当下孩子教育所存在的普遍现象有怀疑的家庭成员,缺少足够信心去反对"最狠"的那位家庭成员。另外,很多学校缺少对家长科学合理的指导,甚至有学校鼓励家长急功近利,因此家长会很无奈和被动。

建议家庭成员看书看报找到充足的理由,或寻找教育专家,改变"强势家长"不合理行为,培养孩子要立足长远,讲科学讲方法。同时学校应该积极安排专家型老师,给家长科学合理的指导。

放弃"四大名校"——谈孩子未来七项能力

一位家长给我讲述了他家孩子小杨同学读名校的故事。

小杨同学"中考"很顺利,录取到上海市四大名校之一的复旦(大学)附中。可是,小杨在新学校学习很不适应,学习压力很大,同学之间竞争激烈。不到一学期,小杨出现了焦虑、厌学等问题。后来,这位父亲果断地帮助孩子转学,另找一个学校。父亲智慧超群,没有局限在上海市重点学校范围(40所学校)里找,而是眼界开阔听取了专家意见,找了一所区重点高中——上海市上南中学,该校是以心理健康教育为特色的学校。高一时,家长找到上南中学,给校长说,孩子能考上上海市211类大学就很满意了。让家长欣喜的是,两年多时间孩子在这所学校健康成长课业优秀,综合素质好,高考也会好,2019年被复旦大学以高分录取。

大多数初中学生家长把眼睛盯着名校，却忽视了孩子综合素质的培养，即使孩子考上了重点高中，也难实现考取名牌大学梦想；相反，孩子就读非一流高中学校，照样可以考上一流大学。

美国积极心理学家塞利格曼认为，虽然我们没有办法预测未来社会是什么样的，但是未来社会仍然是人的社会，所以我们就要考虑怎样把孩子培养成真正的人，也就是说他是一个健康的人，一个社会适应良好的人，一个聪明且有创造力的人。基于这样的观点，塞利格曼提出了七项可预测孩子未来是否成功的能力，以及如何拥有这七项能力的方法：

热情（Zest）：以兴奋和能量来迎接生命；感到生命力和整个人是启动的。方法包括：积极参与、展现狂热、激励别人。

自我掌控（Self-Control）：对自己的感受和所作所为都加以节制；建立自我纪律。方法包括：社会工作，做好课前准备，集中注意力而抗拒分心，记牢并遵守指示，今日事今日毕，维持人际关系，即使被批评或挑衅也维持心平气和，让别人说完话而不打断，对成人或同侪有礼，随时注意自己的脾气。

感恩（Gratitude）：对任何机会和任何发生的好事都加以察觉，并且感激这一切。方法包括：找出别人的好并表示欣赏，对所有的机会都能够察觉并表示感谢。

好奇心（Curiosity）：对新事物的体验和学习单纯地有兴趣，找到让自己着迷的东西。方法包括：热衷于新事物的探索，通过提问和回答来加深理解、积极地倾听别人的想法。

乐观（Optimism）：期待未来最美好的一切，并且努力去取得。方法包括：克服挫折而快速恢复，坚信努力将有益于明日的一切。

毅力（Grit）：有始就有终；不顾一切阻挡来完成任务；持续力和韧力的结合。方法包括：一旦开始坚持做完，在失败后更努力，全然聚焦独立作业。

社会智商（Social Intelligence）：对他人和自己的动机与感觉是察觉的；有能力对大小团体里的现象加以推断。方法包括：与别人冲突时有办法找到解决之道，对别人的感受展现出尊重，知道何时和如何结识别人。

除了这七项能力,塞利格曼还提出了如果我们教孩子们幸福和满足(乐观和希望是可以学习的),我们可以让孩子们比我们更幸福。

在面对逆境时,悲观的孩子不现实地夸大它,把它看成是永远的,不会改变的。我们要教孩子现实准确地看问题,把想象中的永远还原为现实中的暂时情况。在情绪低落时(尤其夜深人静时),人们有时会夸大问题的持续时间。学习乐观的自我解释之后,可以帮助人们有意识地提醒自己,"这是暂时的,很快会好起来的"。

过重的课业负担会降低孩子学习的热情,降低孩子学习的好奇心;盲目地不择手段地追求名校,在名校里孩子要面对更大的竞争压力,孩子如何乐观起来?

当孩子读小学读初中时候,我们大多数家长希望他们读名校,重点中学甚至重点小学,希望他们成绩好。以为这样孩子未来就会有好工作就会成功,其实这种想法有很大局限性。为数较多的家长喜欢拿名校的高考升学率说话,什么上海市四大名校一本升学率是95%以上,什么八大名校一本率是80%以上,家长急功近利,孩子可能进了名校,却恰恰成为落在后边那个20%中的一员。

对孩子未来重要的是他们核心素养,他们的七项能力非常关键。具备这七项能力,孩子才会有幸福人生。我们家长要充分关注孩子七项能力的培养和提高。

如何帮助孩子更好的学习? ——来自《逻辑思维》三篇短文

如何帮助孩子更好的学习?

你可能觉得,孩子记不住新知识,是大脑"存不住"东西。但真实情况是,人的记忆分"存储"和"提取"两个维度,很多时候孩子想不起来,不是"没记住"而是因为"想不起来"。科学的学习方法,不仅要在"存储"上下功夫,还要锻炼好"提取"能力。

几个方法可以推荐给孩子。第一,不会做的题目,不要着急看答案,先努力思考一下。研究表明：努力思考时，大脑会进入活跃模式，之后再接收信息就能记得更牢。第二，不同的内容交替学习。大脑应对有新鲜感的内容时，会更活跃，学习效果更好。这里的"新鲜"不一定是新东西，只要和之前正在学的内容，有变化就可以。具体方法有两个：（1）同一学科，学习新知识和复习旧知识交替进行；（2）不同学科的知识，穿插着学习。第三，避免长时间不间断地学习。你可能以为，学习就该用大块时间，连续不断效果才好。但研究发现，暂停一下重新开始，大脑会更努力地"提取"之前的知识，反而记得更牢。所以不妨根据具体情况，让孩子学会有意识地休息，在学习间隙，去做点散步之类，不消耗脑力的运动。

如何让孩子受到同学们欢迎？

孩子想在学校里更受欢迎，你可以提供几个方法。

第一，打造"个性标签"——也就是，一个让人喜爱的，突出的优点。每个孩子都有自己独立的个性和特点，比如"幽默""认真""热心"。你应该帮助孩子找到自己的魅力所在，并且发挥出来。时间一长，这个优点就会变成特点，让孩子的同学们记住并且喜欢上。

第二，鼓励孩子成为某领域的"专家"。如果孩子有擅长或者感兴趣的领域，你可以鼓励他多去学习相关的知识，并且和同学们分享。这样同学们就会觉得"这方面的问题找他就行"。

第三，做一个靠谱的人，言出必行。不论是同学之间的小请求，还是班级活动中自己负责的任务，答应了就要努力去完成。这是建立信任、增进友谊的基础。

第四，要让孩子懂得求助。太优秀没缺点的人，就成了"别人家的孩子"，同学们不一定喜欢。而一个总体上优秀但是有弱点、会犯小错的人，同学们会更愿意接受。所以，当孩子遇到困难时，告诉他，千万不要为了"完美"自己硬扛，及时向同学求助，也是增进友谊的好机会。

如何帮孩子应对负面情绪？

生活中孩子常有一些小挫折。例如，考试没考好，就觉得"我什么都不会";比赛没拿上名次,就认为"我没有这方面的天赋"。这时,你要告诉孩子,学会对事不对人。一两次失败,只是阶段性结果,不能给他这个人定性,也不能代表以后都没机会了。不要因为一件事就全盘否定自己。

那该怎么解决烦恼呢?可以让孩子想想以下问题:"我的情绪是愤怒、悲伤还是其他什么""产生这些情绪的原因是什么",分析情绪的来源,有助于孩子搞清楚事情到底是怎么回事。

找到原因之后,你还可以鼓励孩子,主动表达自己的诉求。比如,"我希望得到什么样的结果""我希望别人做什么",一旦孩子能把这些问题清晰地表述出来,他就可能会脱离纠结的情绪,趋向解决问题。

帮孩子找一个健康的个人爱好。比如打球、养花、学习乐器等。要注意的是,这些事情必须是孩子自己有兴趣,主动想学的。有了自己特别喜欢的爱好之后,孩子就有了能帮自己调节情绪的武器。

第二节　与初中生家长谈"知彼知己"

——家长如何了解学校提升自己

做智慧母亲——一位妈妈的反思

昨天是母亲节,大家都在说对母亲的感恩,表达对母亲的爱。由此我想到,亲子关系中母亲的爱怎样表达会更好。

最近一位母亲同时也是一位教师,详细地给我讲了她的故事,强调她做家长很失败很后悔。我安慰她说我们绝大多数家长都会有失误。

这位母亲说儿子考取了澳大利亚一所大学研究生,说这话时还是很自豪的,我在一边听着,也为她而高兴。不过话题一转,她说到了儿子学习英语的事,其中有英语雅思考试,考得不错,完全是自学的,没有参加培训班。但是,她陪儿子小学中学写作业,为儿子请英语老师补课,高考英语分数还是不好。儿子多年来学习,陪读的妈妈学会了,儿子没有学会,学习慢,写作业慢。

我的同事强调:现在反思,是儿子小学时,作业写完了,妈妈不让儿子玩,妈妈还会布置作业,结果儿子写作业愈来愈慢,儿子以拖延时间的方式抵制妈妈附加的作业。很多年妈妈都不明白儿子为什么写作业慢。

儿子上大学了,妈妈撒手不管他学习的事了,反而学习积极性高了,学习效率高了。这位妈妈多次说到自己很失败,好在儿子在上大学之后,学习愈来愈好,表现优秀。

看到儿子现在的表现,妈妈很是欣喜。

孩子在成长过程中,家长是紧抓不放还是撒手不管?

我们要学习亲子关系中"留白的艺术",做好"紧抓与放手"的平衡。

后记

学生张凯利,男生,小学五年级,妈妈陪伴很多,一直送他补课,却不见成绩提高。看到张凯利分数不高,妈妈会打他耳光。一天,张凯利因玩手机过多,受到爸爸警告。张凯利和爸爸对抗,要砸他爸爸电脑。爸爸狠狠地打了他。妈妈在一边阻止爸爸,心疼儿子而大喊大叫。

妈妈平时不该对儿子爱着宠着,考试了,成绩不好了,就打孩子耳光。要保护孩子自尊心。当然,在孩子小的时候,家长就该教育他不可无理取闹。

小贴士

《论孩子》(纪伯伦)

你的孩子,其实不是你的孩子,

他们是生命对于自身渴望而诞生的孩子。

他们通过你来到这世界,却非因你而来,

他们在你身边,却并不属于你。

你可以给予他们的是你的爱，却不是你的想法，

因为他们自己有自己的思想。

你可以庇护的是他们的身体，却不是他们的灵魂，

因为他们的灵魂属于明天，属于你做梦也无法达到的明天。

你可以拼尽全力，变得像他们一样，

却不要让他们变得和你一样，

因为生命不会后退，也不在过去停留。

你是弓，儿女是从你那里射出的箭。

弓箭手望着未来之路上的箭靶，

他用尽力气将你拉开，使他的箭射得又快又远。

怀着快乐的心情，在弓箭手的手里弯曲吧，

因为他爱一路飞翔的箭，也爱无比稳定的弓。

注：

纪伯伦，黎巴嫩诗人，是20世纪阿拉伯文学奠基人。这首诗的题目虽为"论孩子"，具体内容却是论父母之道的。父母们常忽视了教育最为重要的目标之一——培养独立人格。他们总喜欢干预子女的一切重大人生选择。本诗指出孩子是独立的，是与父母平等的个体，父母只能给孩子以爱，却不能代替他们思想、灵魂的形成。

浅谈家庭教育的"远与近"

我对家庭教育有十多年的理论学习和研究，指导自己孩子幸福走过小学中学，愉快地踏上了大学阶梯。虽然我的孩子考入了名牌大学，但家庭教育本质不是追求孩子上什么样的大学，而是帮助孩子追求幸福人生！

各位家长朋友，你是不是非常关心孩子的考试分数，几乎是每一次考试的分数？关心孩子的排名？是啊，当下大多数家长都是这样。但是，在

我看来,这样的想法是值得探讨的。你的孩子是不是对你的做法很反感?可能在你孩子眼中,你关心的只是分数名次,不关心他这个人!这方面我们家长看得太近看得太狭隘。另外,对孩子每一天的表现却不够重视,不太重视孩子的综合表现。

我们家长要重视孩子性格习惯的培养,逐步培养孩子良好的习惯,培养孩子的自信。当今世界各国教育家都强调,情商比智商更重要。孩子的综合素质提高了,情商提高了,学习成绩一定会好起来的。但是,反过来,单是学习成绩好,人际关系处理不好,抗挫折能力很差,好的学习成绩也很难持续,甚至将来的发展也是让人担心的。

两年前,上海市一所全国名校,高中四大名校之一,三个月时间,连续两个学习成绩好的孩子跳楼。希望悲剧不再重演!

看孩子要眼光放远一些。你也许听说:上不了好的大学就找不到好的工作,上不了好的高中就上不了好的大学,上不了好的初中就上不了好的高中。这样的逻辑让小学生的家长也紧张得不得了。这样逻辑是荒唐的,也是害人的。另外,家长要充分关注孩子每一天的成长,留心细节。古人说得好,千里之行,始于足下。细微之处见精神,家长陪伴孩子一起面对一件小事,教给孩子学习方法、做事方法,培养孩子的认真严谨的态度。例如,孩子做事有粗心大意的表现,我们可以少批评指责,而是帮助孩子一起寻找克服粗心大意的方法。家长给予孩子理解和支持,多鼓励,不提过高要求,孩子跳一跳就可以摘桃子。让孩子能感受到父爱母爱。

家庭教育复杂丰富,又特别重要,需要我们至少三年五年不断学习,不断成长,树立科学合理的家教理念,修炼自己的耐心,建立良好的亲子关系。

什么样的学校才是好学校？

经常有家长问我：什么样的学校好？看小学，初中学校好不好，不能单单看其中考升学率，也不是上市重点高中的比例怎样。如果这样，你可能会看错学校，把孩子送入这样的学校，孩子就可能是受害者。

看学校，不要被一些表面现象所迷惑。清华大学早期的梅校长强调："大学者，非谓有大楼之谓也，有大师之谓也。"看中小学校，这话仍有现实意义。大教育家陶行知先生说：一位好校长就是一所好学校。也就说，看学校，主要看学校校长和教师。

校长首先应该是师德模范，是全校教师师德的引领者。校长师德高尚，才会有人格的魅力。校长要拥有人格魅力，做事情就应公正公平、无私无畏，善于倾听并积极吸纳教师的意见与想法。

家长看校长，朴实无华老老实实办学的，这样更靠得住。而喜欢作秀，鼓号喧天彩旗飘飘，那只是花架子。

家长看教师，师德高尚是关键。

在当下，我给家长朋友一个简单的判断：

作业少的学校才会是好的。

如果再多说一句，就是体育课音乐课正常上的，课间十分钟正常休息的，中午学生有自由活动或休息时间的，这样的学校才会是好学校。这很有讽刺意味，正常上课正常休息，本来是学校应该做到的最起码要求，但有的学校却做不到。有的学校甚至中午没有休息时间，午饭后十分钟，全校就上课了，教室里教师讲课学生听课，学生没有喘息时间，没有午休概念。

科学研究表明，小学初中阶段学生的大脑生长发育需要充足的睡眠，学校布置太多的作业，大大减少了学生睡眠时间，对学生的智力发育是很坏的影响。另外，学校布置大量作业的教学模式，大大降低了学生学习效率，大大降低了学生的学习兴趣，学生学习方式被引到错误路径而难以改变，造成了学生未来学习潜力不大的局面。

有家长错误地认为，为了未来的成功，孩子苦几年没关系。小学初中学生作业太多学习负担过重，学习能力反而下降，影响身体健康，这样状况未来更会让家长担忧。

这里给家长提供一个新参考标准。近几年通过上海市心理健康教育评估为"示范校"，校内有招牌的，一般地说这样的学校更值得信任。因为这项评估是对学校综合性评估，是对学校办学科学性的全面评估，是一项重要指标。

一个奇怪的答案

2016年6月的一天，我在办公室批初一学生的地理试卷。突然，一张试卷写的答案让我大感意外。试卷中有一道填空题，关于云南省傣族节日的，正确答案是泼水节。而学生张小亮竟然写——"摸奶节"！

这时恰好下课铃声响了，我让一个同学通知张小亮到办公室来。很快张小亮来到了办公室，一副莫名其妙的神情。问张小亮：现在知道这道题正确答案吗？他说不知道，我告诉他是泼水节。

这时，王老师走进来，有点生气的样子，她猜测张小亮同学表现不好。王老师是张小亮妈妈的同学，一贯关心他。王老师说，被老师请来，肯定是表现不好吧。当王老师知道，泼水节写成了摸奶节，顿时声色俱厉，火冒三丈，责问张小亮脑子里想什么呢?！并扬言要告诉家长，好好管教管教。说着说着，气愤地抓小亮胸部，责问什么叫摸奶节。张小亮是个小胖子，男生，胸部有肉。我在一旁哭笑不得。王老师强调说，是她帮张小亮选择了一个好班，表现不好，她也很没面子。

狠狠地批评一顿之后，王老师余怒未消地走了。这时，张小亮给我强调，他是抄同桌的答案。他同桌的试卷，确实有"摸奶节"几个字，只是后来划掉了。张小亮整张试卷写得不好，简单的题目也写错，甚至有许多题目空着，很明显是一个学习很差的学生。因此，我相信张小亮是抄别人的，自己缺乏思考，并无恶作剧的意思。看到张小亮紧张惶恐的样子，被王老师狠狠批了一顿，又要告诉家长，我这时为他担心起来。

看着张小亮，初一男生，已长出浓浓的小胡须了，有了明显性发育的样子。我安慰张小亮："青春期性发育了，有了性幻想是正常的，家长和王老师批评几句要理解，忍不了就来找我，我愿意帮你的。"

这一事件虽然过去两个月了，我还是难以忘怀，特作以下总结。

观点一：不放过教育学生的重要契机。

两年，教学生学地理的时间基本结束了，最后批地理试卷，没有机会给学生上课了。地理试卷上的问题，没人知道没人关心，我完全可以置之不理。

但是，每一位教师都有教育学生的责任和义务，在课堂教育学生是常规，课外校园内甚至校园外，抓住重要契机教育学生都应是教师的责任。

观点二：教学生做人是教师的首要责任。

学生学习知识，一个知识点甚至几个题目没有掌握，这无关大局，以后还会有很多学习机会。学生的学习动机、良好人格以及心理素质的培养更为重要。

观点三：教育学生需要耐心细致，体现专业性，要讲科学。不宜简单粗暴。

学生张小亮写了"摸奶节"答案，是让人大感意外的。我们不能据此火冒三丈，不容分辩，武断地贴标签，骂他下流脑子里胡思乱想。我们更应该是先听一听张小亮说为什么写了这几个字，当时是怎么想的。不给学生说话机会，学生哪里会心服口服？这样教育效果就会大打折扣，甚至适得其反。有时学生没有过错或者小问题，却被老师误会或被老师放大，学生感到委屈气愤，甚至由此导致师生关系恶化。

教育学生，教师不宜动辄告诉家长或威胁学生告诉家长。在校园，教师要承担教育学生的主要责任，而不是把问题随意转嫁给家长。大多数家长由于文化水平或者工作性质的局限性，对孩子问题处理更缺乏理性。我们常会看到新闻报道，家长简单粗暴地伤害孩子，其中多数家长也是爱孩子的，但是观念错误，方法不当，结果却伤害了孩子。

学生在学校出现问题，如果教师简单粗暴，同时家长又不理解，这样双重伤害对学生影响很大，学生感到无助，极端的甚至造成学生自杀。我们常说，现在孩子太脆弱了。其实，有许多家长对孩子溺爱包办，减少了孩子成长机会，直接造成孩子抗挫折力较差。大量事件表明，老师不当的教育行为，也是造成学生身心伤害的一个原因。也有家长对孩子期望过高，又缺乏耐心，给孩子造成很大心理压力，甚至对孩子造成严重的心理伤害。

我想强调，学生关于"性"的问题，不要轻易判定是品德问题，是"下流"，教师应该理解这是常规问题，要引导学生积极面对新问题新变化，引导学生提高自控能力。我们教师教育学生一定要体现专业性，尊重爱护学生，学会倾听，保持耐心，冷静理性地分析问题，掌握学生青春期的特点，学会换位思考，给学生多一些理解和关爱。

学生作业的故事

数学课也逃不掉的抄写

一次饭后散步，和一位老教师聊天，他教初中数学三十年了。

我说："问你一个数学题，π 是 3.14，8π、9π 是多少？你会背出来吗？"他笑着说背不出来，当然他知道有的老师是这样教的。老师都背不出来的题目，为什么让学生死记这没意义的东西？

看到学生背诵 2π、8π、9π 什么的，得知这是老师对全班学生的要求，深感意外。由此，我联想到几年前，在教室里看到全班学生抄写数学定理（文字）二十遍，什么三角形角平分线定理、三角形中位线定理之类的。

把抄写定理二十遍作为学数学的方法,这是完全背离数学教学原则的。要求学生抄写两三遍还可以理解,抄写二十遍,这是惩罚,这是对学生学数学兴趣的摧残。这样教学生,学生对数学如何能喜欢起来?

数学作业,抄写的死记的,都是奇葩,有害无益!

"罚写作业"——何时休?

近日,看到一个学生在抄写"端庄",10遍。

问:这个词语写错了,被罚写10遍?

答:这个词语没有写错,是默写词语,20多个,有一个"各出心裁",其中"裁"错写成"栽"了,老师要求20多个词语,都要罚写10遍。

那个学生同时告诉我说,班里一半以上的学生被罚写。可笑的是,那个教师多次"优秀"!与此同时,我们经常看到一个班级有80%以上学生被老师罚写作业。这时教师自己应该好好反思一下,被罚的不应该是学生,而应该是教师自己。我认为这已不是教师专业素养问题,而是教师的师德问题了。

这样罚写作业的故事,20年了,学生何时才能逃脱这样重复的故事?!

家长为什么要督促孩子学习?

最近和朋友聊天。他是高中教师,说到自己孩子学习,不理解孩子学习为什么搞不好。由此,我有以下思考。

要指导学生进行程序化学习,老师和家长都可以指导和督促。学生学习,有许多科学学习方法,他们是不知道的,我们要告诉他们,这还远远不够。告诉他,和他知道是两回事,知道那个学习方法,到实际运用和坚持做到会相差很远。例如孩子假期里的学习,最好要及时复习巩固。一百年前德国心理学家就发现了记忆规律,即遗忘曲线,遗忘是先快后慢。我们要获得良好的记忆效果,要做到及时复习,半小时1小时内有总结巩固,甚至12小时内及时复习,在24小时内要复习。第一时间花费了40分钟到1个小时学习的内容,在第二时间还要花费3分钟到10分钟复习。但是孩子甚至大人都很难做到。因为我们的感觉是追求学习到更多的内容，求多求快，追求表面的幻觉，而不是我们要切实掌握这些学习内容。这时需要理智战胜感觉，克服这种不舒服的感觉。

因此，家长督促孩子就显得很重要。

第三节　我为孩子而读书

十多年时间，我为孩子读了许多家庭教育方面的书。

孩子上小学时，我为她看书，看家庭教育方面的书。孩子读初中时，为孩子买书，我读作为家长要看的书，孩子读她自己的书。有的书，亲子同读，一起学习讨论，一起成长，我还会经常为孩子写写随笔。孩子（满溪柳）读大学了，我还在读家庭教育方面的书，为别人的孩子读书，为社会上的家长读书，有时亲子还会同读一本书，我还会经常为孩子写一些短文。下面较详细地列出了我的书单，供家长朋友借鉴和参考。

家长为孩子花钱，绝大多数家长都能做到；家长为孩子花时间，许多家长也能做到，如送孩子补课，简单陪伴；但为孩子花心思，为孩子而读书，为孩子而修炼自己，这样的家长就为数不多了。有家长强调自己很忙，没时间，在此说一下曾国藩。他做两江总督时，日理万机但还写家书教育弟弟和子侄。曾家至今已有十代，英才辈出，是曾国藩家规家训造就了这一盛况。

我们老百姓，没有超群的智慧，爱孩子，就为孩子读几本书吧，在读书中不断成长！

读《让孩子自信过一生》（詹姆斯·杜布森）

（时间：孩子读小学二年级）

读后感想：

1.在家长心中,如果孩子是小运动员,即使孩子球打得不好,也不会失去她应有的尊严。

2.孩子在困难时期,或者遭遇挫折时,更需要亲人的爱。

3.自信是一个人身上极为可贵的品质。

书中作者强调:

1.家长帮助儿童期(小学阶段)孩子建立自尊自信策略。

(1)帮助孩子扬长补短;(2)帮助孩子在竞争激烈的世界中知道如何与人竞争;(3)锻炼孩子的意志,但不要伤害他的心灵,减少有损于自尊心的教育方式;(4)教导孩子独立和责任感;(5)教导孩子体贴别人。

2.孩子对自己的看法深受父母亲的影响。

父母可以帮助孩子建立自信来抵挡社会压力,也可以使孩子毫无招架的能力,其中的差别就在亲子之间的互动品质。孩子若相信父母爱他、尊重他,就比较容易接受父母的价值。

3.爱孩子,却不尊重孩子。

生活中,父母对孩子很容易表现出疼爱却又不尊重的态度,在必要时你会为孩子拼命,但你对他自我价值的怀疑却常常表现出来。

读《父亲的力量:培养出四个博士的爸爸谈家庭教育》(李振霞)

(时间:孩子读小学五年级)

家中一女三男都是理工科博士,其中有姐弟俩是医学博士。

这是一个不同寻常的家庭,这是一个杰出的家庭。由这个家庭的母亲执笔,写出了家庭教育中父亲和母亲的影响和作用,借助于一个个普通的小故事,告诉人们一个家庭成功背后的原因,告诉人们培养子女成才的正确的基本方法和态度。事实胜于雄辩,榜样力量无穷。他们成功的子女教育,对普通的父母亲来说,不仅会深受感动,还会大有启发。

读《留德家书》（俞天白，俞可）

（时间：孩子读六年级）

这是本土作家俞天白和他的留德博士儿子的人生对话，时间跨度长达14年。这本书是父子之间的私人对话，也是一个时代的真实记录，真切展露了父子间14年的心路历程：由求学、求知，而求生存；由家事、国事，而天下事；由亲情、友情，而儿女情。

该书从这对父子14年往来的2000余封家书、140余万字中撷取300余件，真切展露父子间14年的心路历程。凡人生所遇，无不涉及；凡叙述所及，无不感人。虽是一对父子的私人对话，却是一个时代的真实记录。书中涵容了我们这个时代的人生所遭遇和思考的一切。

读《论语》

（时间：孩子六年级）

《论语》中经典语句：

子曰：仁者不忧，智者不惑，勇者不惧。

曾子曰：吾日三省吾身——为人谋而不忠乎？与朋友交而不信乎？传不习乎？

子曰：以直报怨，以德报德。

子曰：知者乐水，仁者乐山；知者动，仁者静；知者乐，仁者寿。

子曰：君子怀德，小人怀土；君子怀刑，小人怀惠。

子曰：君子喻于义，小人喻于利。

子曰：知之者不如好之者，好之者不如乐之者。

子曰：不义而富且贵，于我如浮云。

子曰：君子成人之美，不成人之恶，小人反是。

子曰：欲速则不达，见小利则大事不成。

子曰：君子和而不同，小人同而不和。

子曰:工欲善其事,必先利其器。

子曰:君子求诸己,小人求诸人。

子曰:道不同,不相为谋。

子曰:益者三友,友直,友谅,友多闻。

读《成功教子九法——心理咨询师替你解困惑》(周爱媛)

(时间:孩子读八年级)

内容简介:

家庭教育是重要的社会问题之一,童年的家庭教育不当,会影响孩子的一生。本书为心理咨询师用七年的心理咨询经验而总结、归纳出的教子九法。

方法一:欣赏鼓励法。

(1)欣赏的暗示——普通孩子能成才。

(2)重新"框视"孩子——在缺点中发现优点——差孩子也能成才。

(3)想象你的孩子是一个比现在更好的好孩子。

方法二:家规控制法。

(1)建立"孩子家规"的必要性。

(2)"孩子家规"的一般内容。

方法三:兴趣学习法。

方法四:目标激励法。

方法五:榜样激励法。

方法六:逆反心理法。

方法七:智爱教育法。

(1)智爱孩子就不能对孩子过度地溺爱。

(2)智爱孩子就不能因爱而对孩子专制或放纵。

(3)智爱孩子就不要强迫孩子去圆家长的梦。

方法八:能力培养法。

方法九:人格塑造法。

读《中国英才家庭造》(王金战)

(时间:孩子八年级)

本书是王金战为揭秘英才成长而撰写,本书直击家庭教育五大难题——规划、沟通、习惯、激励、冲刺,运用200个第一手教育实例,全程指导英才成长。

王金战精彩语录

面对激烈的竞争,你要搞清楚自己的目标是什么。你不要管别人怎样,别人第一第二跟你没关系,别人倒数第一第二也跟你没关系。判断一个人的成功,重要的不是和别人比做得怎样,而是和自己的潜能比做得怎样。

当你苦思冥想地解出一道数理化题,当你写出一篇自鸣得意的作文,其本身过程中,肯定会给你带来乐趣,带来成就感。所以,我说学业有辛苦的一面,也有"享受学习"的一面。我跟我的学生们从来都这样说:学习是苦中求乐、先苦后甜的过程。

什么样的学习方法才最有效率?我说:适合你的方法,就是最有效率的方法。就是说,你需要了解别人的学习方法,但不是照搬,而是在别人方法的启发下,量身定制成适合自己的方法,才会产生最大的效应。

在数学遇到问题的时候,学生有时候需要退,一直退到最原始的状态,你就知道在哪儿出问题了。做数学题得找到根源,一旦找到根源,问题就迎刃而解了。

平时,我要求我的学生,可以有段时间不学习。但只要学习,每分每秒都必须是高效的。最可悲的是什么呢?你该玩的时候,不能痛痛快快地玩;你该学的时候,又学不进去。最怕的就是这个状态。

要想让别人看得起你,你首先得看得起自己。你可以在一段时间内很落后,但只要你不服输,在我的眼里,你仍然是好学生。我最看不起的学生,就是自己承认自己不行的学生。哀莫大于心死。你本来还行,但却承认自己不行,你心都死了,什么人来也救不了你。

读《好妈妈胜过好老师：一个教育专家16年的教子手记》（尹建莉）

（时间：孩子初三年级）

《好妈妈胜过好老师：一个教育专家16年的教子手记》是近年来难得一见的优秀的家庭教育原创作品，是教育专家尹建莉的教子手记。

书中给出许多简单而又实用的操作办法，理论和实践完美结合。使父母们不仅立刻获得许多有效的经验，教育意识也随之改善。它是实事求是谈家教的典范，是家长们实用的工具书。

这本书不但告诉你怎么能提高孩子成绩，还告诉你怎么教孩子做人，教你怎么培养一个自觉、自强、自立的孩子。

经典语录

1. 家长陪孩子学习的时间越长，扮演的角色越接近监工。而孩子从骨子里是不喜欢一个监工的，他最多表面上暂时屈从他，内心绝不会听他的话。所以说，陪孩子写作业，不是培养孩子的好习惯，而是在瓦解好习惯，是对儿童自制力的日渐磨损。

2. 我们应该尊重老师，但不应该把老师当权威供奉起来，要允许孩子对老师的某些行为提出质疑，允许孩子批评老师，允许孩子在老师面前有自己的想法和做法。告诉孩子老师某件事情做得不对，这和背后说老师坏话完全不是一回事，这方面应该有坦然的心态。

3. 家长要建立这样一种信心：不提分数或名次要求，不会影响孩子的学习成绩——孩子从家长的态度中知道，学习不是为了分数，不是为了和别人比，而是为了自己学会。他不对分数斤斤计较，才会最终获得好成绩。

4. 正因为我特别渴望孩子取得好成绩，我才绝不向他要分数。任何单纯要分数的行为都是浅薄的，都是破坏性的。我要做的是培养孩子的智慧能量，就是对知识的好奇心、爱钻研的精神，提出问题的能力，寻找答案的兴趣，有效的学习方法，平和的学习心态，持之以恒的毅力等等——这些才能成全孩子的成绩，才是在各种考试中胜出的决定性条件。

5. 在控制孩子少看电视方面，我认为正确的做法是，在他很想看的时候让他心安理得地去看，不要让孩子一边看电视一边觉得有负疚感；但平时家里要尽量少开电视，家长自己在看电视上做到节制，以身作则，用行动产生说服力，而不是用语言。

6. 家长一着急就会替孩子做决定，这是错误的。人的天性是愿意遵从自己的思想，排斥来自他人的命令。所以在培养孩子的过程中，为了形成儿童的自觉意识，也为了他更好地执行决定，应该尽量让孩子自己去思考和选择。

7. 现代家庭教育中一个很大的问题是，父母可以为孩子付出生命，却不肯为孩子付出时间和心思。

8. 小学阶段主要解决学习兴趣的问题，初中阶段主要解决学习方法的问题，高中阶段拼的才是勤奋。

读《曾国藩家书》（时间：孩子读初中读高中）

《曾国藩家书》是曾国藩的书信集，成书于清19世纪中叶。该书信集所涉及的内容极为广泛，是曾国藩一生的主要活动和其治政、治家、治学之道的生动反映。曾氏家书行文从容镇定，形式自由，随想而到，挥笔自如，在平淡家常中蕴含真知良言，具有极强的说服力和感召力。一部家书充分体现了曾国藩的学识造诣和道德修养。

曾国藩（1811—1872），中国近代政治家、战略家、理学家、文学家，湘军的创立者和统帅。与李鸿章、左宗棠、张之洞并称"晚清四大名臣"。官至两江总督等显赫官职，封一等毅勇侯，谥号文正。

《曾国藩家书》共收录曾国藩家书435通，其中《与弟书》249通，《教子书》115通；另附《致夫人书》、《教侄书》等7通，内容包括修身养性、为人处事、交友识人、持家教子、治军从政等，上自祖父母至父辈，中对诸弟，下及儿辈都有涉及。

在为人处世上，曾国藩终生以"拙诚""坚忍"行事。

在持家教子方面，曾国藩主张勤俭持家，努力治学，睦邻友好，读书明理。他希望后代兢兢业业,努力治学。他常对子女说,只要有学问,就不怕没饭吃。他还说,门第太盛则会出事端,主张不把财产留给子孙,子孙不肖,留亦无用,子孙图强,也不愁没饭吃,这就是他所谓盈虚消长的道理。

中国自古就有立功、立德、立言"三不朽"之说,而真正能够实现者却寥若晨星,曾国藩就是为数不多的实现者之一。他的功业无人可以效仿,他的著作和思想同样影响深远、泽被后人。《曾国藩家书》是研究曾国藩其人及这一时期历史的重要资料。《曾国藩家书》中通过教读书、做学问、勤劳、俭朴、自立、有恒、修身、做官等方面,展现了曾国藩"修身、齐家、治国、平天下"的毕生追求。他的家书句句妙语,讲求人生理想、精神境界和道德修养,是为人处世的金玉良言。

第四节 "我手写我心"

——女儿满溪柳初中时期学习与生活记述

这里选择了满溪柳初中时期所写的5篇文章,给初中学生写作文一个借鉴,为家长培养孩子提供参考。古人说,"功夫在诗外"。孩子要学语文,要考试写文章,有丰富多彩的生活,作文就有了源泉;同时,生活丰富了,亲身体验了,有了真情实感,文章自然写得好。

我也在努力着

那悠扬的琴音中,充盈着我的勤奋,见证了我的成长。

我们班高手如云,是全校最牛的班级。值得骄傲的是,同学们都非常羡慕我,羡慕我周末不补课却成绩很棒,羡慕我整天微笑轻松快乐,羡慕我弹琴打球潇洒多面。其实和很多同学一样,我也在努力着。

无数次,我用力甩着因长久练琴而酸涩的手臂。乐曲《野蜂飞舞》难度极高，练习十几遍还是感觉生疏。就是在最慢的练习速度，按弦的左手也在把位的变换中乱了方向；而右手由于指法的调整，往往跟不上节奏。时间半个小时很快过去了却毫无收获。听着窗外孩子的嬉戏声，又被乐曲这样折磨着，我都想哭了。叹口气停了下来，揉捏手指，不经意中发现，左手食指指尖侧面硬邦邦的。是一层厚厚的茧！深深浅浅布满了被琴弦勒出的印迹。当初练琴时被细细琴弦勒得痛苦无比的感觉已不再有，而洒下的汗水已与这手上的茧一起带来了琴艺上的进步。我缓缓抚摸着茧，忆起往昔练琴的情形，心头再次涌起坚定的信念。我抱起琵琶，重新投入练习。

食指上的茧，是一份岁月的痕迹，是我努力的见证。

学琴七载，历经艰难，我终于拥有了令自己骄傲的琴艺，并从琵琶中学到了更多琴声以外的东西。每当我奏一曲《梅花三弄》，闭上眼，仿佛走进那悠长悠长的雨巷，寻找阑珊处的千年梅花。对于展现了金戈铁马之豪情的《十面埋伏》，在一次次弹奏中，我似乎看到刘邦志夺天下的意气风发、项羽无力回天的失意，以及出征男儿对老母的牵挂、对故乡明月的留恋。

每一首古曲，都是一篇饱含浓情的绝美诗章，是一朵努力绽开的花儿。

在一周紧张充实的学习生活后，弹奏一首古曲，减轻了不少压力。曲径通幽，学琴的宝贵经历使得我对学习永远充满兴趣，也看到了一方更广阔更澄明的天空。

今天，坐在考场上，回想那些琴音悠扬的日子，突然发现这也是一种幸福。是的，即使是成功的花儿，她的芽儿也浸透了奋斗的血雨。我也在不停地努力着，青春征途没有尽头……

茶韵

望着那张81分的数学试卷,我的心中有说不出的滋味。是的,那么简单,班里90分以上的大有人在,但我……真不知道考试时在想什么。我摇摇头,把试卷收进了书包里。

走出书房,取下一小块普洱茶,用沸水猛地一冲,整个房间都弥散着淡淡的茶香。很快把杯中的开水倒掉,这是洗茶,再倒入一杯开水。茶水渐渐地有些泛红,本来一小块紧压在一起的普洱像花儿一样开始绽放。不一会儿,茶水分成了三层:第一层淡淡的红,第二层微红,第三层却是耀眼夺目的大红。第三层的红色一丝丝地往上飘着,很快一杯茶水不再是三色分明了,醇醇的红,煞是可爱。品一口,淡淡的香。

又想起两年前的普洱热,一斤茶竟被炒到万元! 天方夜谭! 全国的普洱茶庄遍地开花,人们都在说普洱喝普洱,街谈巷议好不热闹! 匆匆忙忙的人们也泡起了普洱。大大的美丽肥皂泡很快就破灭了。如今,普洱的身价一落千丈,普洱茶庄门庭冷落,有的关门。看着杯中普洱红得醇厚醇厚的,之前的热闹仿佛与之无关。什么降血压降血脂之类,什么十年陈八年陈之类,吹得神乎其神。其实,这一切都是商家的炒作,普洱还是那个普洱,是我们的好朋友,温暖可爱有助于健康的,但不是神药也不是稀世之宝。

人生如普洱,有潮起就必有潮落,美丽肥皂泡总要破灭的,做好自己不迷失才是最重要的。

端起茶杯想再饮一口,却发现茶水只有一半了。走出书房到客厅加了开水。想必加了水的普洱一定颜色淡了不少,让我惊奇的是,一杯茶水很快又红亮起来。第三次加水,普洱还是红得醇醇的。味道一如第一杯,还是淡淡的香。

好强大的普洱! 普洱好功夫啊! 那是岁月的磨砺和积淀! 第一杯绿茶,香气浓郁,茶色醇绿。再而衰,三而竭,第三杯绿茶只是胜过白开水而已。

此时感觉心中是祥和宁静。

小贴士

茶文化——品茶品人生

茶道文化，语言如诗如画，从中感受美的意境；品茶就是品味人生，就是修身养性，我们可以从传统文化经典中汲取营养，滋润着我们身心。这是亲子共同学习一个很好的视角。

绿茶茶艺

第一道：点香　焚香除妄念

俗话说："泡茶可修身养性，品茶如品味人生。"古今品茶都讲究要平心静气。"焚香除妄念"就是通过点燃这支香，来营造一个安静、祥和、温馨的气氛。

第二道：洗杯　冰心去凡尘

茶，致清致洁，是天涵地育的灵物，泡茶要求所用的器皿也必须至清至洁。"冰心去凡尘"就是用开水再烫一遍本来就干净的玻璃杯，做到茶杯冰清玉洁，一尘不染。

第三道：凉汤　玉壶养太和

绿茶属于芽茶类，因为茶叶细嫩，若用滚烫的开水直接冲泡，会破坏茶芽中的维生素并造成熟汤失味。只宜用80℃的开水。"玉壶养太和"是把开水壶中的水预先倒入瓷壶中养一会儿，使水温降至80℃左右。

第四道：投茶　清宫迎佳人

苏东坡有诗云："戏作小诗君勿笑，从来佳茗似佳人。""清宫迎佳人"就是用茶匙把茶叶投放到冰清玉洁的玻璃杯中。

第五道：润茶　甘露润莲心

好的绿茶外观如莲心，乾隆皇帝把茶叶称为"润心莲"。"甘露润莲心"就是在开泡前先向杯中注入少许热水，起到润茶的作用。

第六道：冲水　凤凰三点头

冲泡绿茶时也讲究高冲水，在冲水时水壶有节奏地三起三落，好比是凤凰向客人点头致意。

第七道：泡茶　碧玉沉清江

冲入热水后，茶先是浮在水面上，而后慢慢沉入杯底，我们称之为"碧玉沉清江"。

第八道：奉茶　观音捧玉瓶

佛教传说中观音菩萨场捧着一个白玉净瓶，净瓶中的甘露可消灾祛病，救苦救难。茶艺小姐把泡好的茶敬奉给客人，我们称之为"观音捧玉瓶"，意在祝福好人一生平安。

第九道：赏茶　春波展旗枪

这道程序是绿茶茶艺的特色程序。杯中的热水如春波荡漾，在热水的浸泡下，茶芽慢慢地舒展开来，尖尖的叶芽如枪，展开的叶片如旗。一芽一叶的称为旗枪，一芽两叶的称为"雀舌"。在品绿茶之前先观赏，在清碧澄净的茶水中，千姿百态的茶芽在玻璃杯中随波晃动，好像生命的绿精灵在舞蹈，十分生动有趣。

第十道：闻茶　慧心悟茶香

品绿茶要一看、二闻、三品味，在欣赏"春波展旗枪"之后，要闻一闻茶香。绿茶与花茶、乌龙茶不同，它的茶香更加清幽淡雅，必须用心灵去感悟，才能够闻到那春天的气息，以及清醇悠远、难以言传的生命之香。

第十一道：品茶　淡中品致味

绿茶的茶汤清纯甘鲜，淡而有味，它虽然不像红茶那样浓艳醇厚，也不像乌龙茶那样岩韵醉人，但是只要你用心去品，就一定能从淡淡的绿茶香中品出天地间至清、至醇、至真、至美的韵味来。

第十二道：谢茶 自斟乐无穷

品茶有三乐。一曰：独品得神。一个人面对青山绿水或高雅的茶室，通过品茗，心驰宏宇，神交自然，物我两忘，此一乐也。二曰：对品得趣。两个知心朋友相对品茗，或无须多言即心有灵犀一点通，或推心置腹述衷肠，此亦一乐也。三曰：众品得慧。孔子曰："三人行有我师。"众人相聚品茶，互相沟通，相互启迪，可以学到许多书本上学不到的知识，这同样是一大乐事。在品了头道茶后，请嘉宾自己泡茶，以便通过实践，从茶事活动中去感受修身养性、品味人生的无穷乐趣。

另一种语言

今年是世博年，上海每天都在演绎着精彩，成为时尚的大舞台。我家和一般市民家庭一样，有电脑上网，有大屏幕电视，但是我家更多的是另一种语言——读书，谈书。

幼时的我，总是有问不完的问题。起初，爸爸总是耐心地听着，仔细地解释。后来，爸爸常常会被我的问题难倒。一次，爸爸郑重其事地捧了两本书给我，很认真地说，好好读吧。现在我还清楚地记得那两本书，一本是《十万个为什么》，另一本则是童话集，是一本科普类童话。我如饥似渴地读起来。书中有无尽的奥妙，深深地吸引着我，开启了我读书的兴趣。

渐渐地，我长大了，不再满足于初级读物。爸爸常常帮我选书买书，我陶醉于读书的乐趣中。现在，我的书柜里已经摆放着很多的书了，有的甚至读了两三遍。那里有鲁滨孙令人惊奇的漂流生存故事，那里有一个总爱望着窗外的小豆豆，那里有整个大明王朝荡气回肠的历史，那里有令人叫绝的《古文观止》,那里有源远流长的《上下五千年》。那里有爸爸许多注解,他那些遒劲有力的字体已深深地印在我的心里。在于丹的《论语心得》书中,也留下了爸爸的心得。在全国名师王金战"培养英才"书中,看着王老师一步步把他女儿送进北京大学,爸爸在书中也写下了对我的期望。

当别的家长把一本一本的作文书、教辅书抱回家,我的同学整天遨游题海叫苦不迭时,爸爸却独特地鼓励我读各种类型的课外书,什么天文地理的,历史文学的,等等。他常会强调古人所说的"功夫在诗外"。多读书,知识丰富,视野开阔,有利于提升综合素质,当然课内学习也会好的,作文也会写得好。每一天,我都会抽出时间读书。捧起书,淡淡的书香,一点点品读,一遍遍回味。当然,爸爸和我常常会讨论交流读书体会。近半年,我们讨论较多的是名师王金战的《英才是怎样造就的》。小学初中许多年了,在爸爸培养下,我以独特的学习方式,功课学习优秀,作文还得了市二等奖。

我家的读书谈书,在追求热闹时尚的今天,是另一种语言。这另一种语言,是我成长的音乐,是爸爸的智慧,是父爱的歌。

家中"小物件"也是亲子交流的好话题。

上图是家中小藏品,西安旅游时购买,我叫它"知足杯"。

小贴士

公道杯，系物理学上的虹吸原理制成，盛酒只能浅平，不可过满，否则公道杯中的酒就会全部漏掉，一滴不剩。

据传，明洪武年间，景德镇向皇帝朱元璋进贡了一种"九龙杯"。这种酒杯，白腻瓷面上，有八条姿态各异的五爪龙，连同杯中央一条雕刻的龙，共有九条五爪龙，寓意皇帝"九五之尊"的威严。此外还暗藏着玄机——向杯中倒酒，最多只能倒至七分满，多倒一点就会全部漏光。"知足者水存，贪心者水尽"，告诫大家为人不可贪得无厌。一次宴席上，朱元璋将这一酒杯命名为"公道杯"，"九龙公道杯"由此得名。正所谓"知足者水存，贪心者水尽"，一个小小的公道杯也蕴含了大道理。世人处世必须讲究公道，不可贪得无厌。

茉莉花、世博会和我

好一朵美丽的茉莉花，好一朵美丽的……2002 年 12 月，中国民乐《茉莉花》的旋律在蒙特卡洛十多次响起，赢得了国际展览局大会会场一次又一次热烈的掌声，随后上海赢得 2010 年世界博览会的举办权。而这段优美的旋律，也赢得了我爸的心，为我确定了民乐的学习。

刚学琴的时候，那是 2003 年，看到别的小朋友在外面玩耍，自己却傻傻地端坐椅上练琴，满心都是羡慕。而所练的内容，更是十分枯燥，弹、挑、弹、挑……不断地重复这两个动作，食指拇指在空弦上弹出的声音一点也不悦耳，干巴巴的，机械的，没有一丝生气。我有些后悔。在老师鼓励下,我告诉自己,学一段时间再说吧。

没想到,一年下来,我渐渐地喜欢上了琵琶。尽管仍不能弹出非常优美的曲子,但我渐渐地发现,即使是在最简单的单音中也有美妙之处,即使是一个简单的小技巧——揉弦,也可以发出美妙的声音。每个星期六,无论是春暖花开的午后,还是落叶飘飘的黄昏,我仍一如既往地学琴练琴。渐渐地,学琴练琴成了我的享受。每每奏起一曲《春江花月夜》,那月夜春江的迷人景色、清丽淡雅的江南水乡常常使我仿佛沐浴于皎洁宁静的月光中,真是心旷神怡。一首名曲《十面埋伏》,使人如置身古战场,一把琴却能演绎战马嘶鸣景象,旋律跌宕起伏,气象万千,令人荡气回肠感慨万千。

"宝剑锋从磨砺出,梅花香自苦寒来。"今年在区民乐演奏比赛上,我赢得了一等奖。如今,我文化课的学习也取得了优秀成绩。老爸说,学琴是提高综合素质,不在乎艺术专业。是的,几年来,我在班级里为同学和老师演奏,赢得了鼓励和掌声,在学校里参加民乐比赛,我赢得了荣誉和信心,于是我文化课的学习也信心百倍,学习成绩一直是优秀的。相信明年我会进入一所名牌高中,进入快速跑道去迎接新的挑战。

我一岁岁长大,我家一年年富裕,上海越来越美丽,中国越来越强大了。近日我们全家旅游经过世博园区,近距离欣赏了"中国馆"。那鲜艳夺目的中国红,那方方正正的模样,美得让我震撼。再过200天,世博盛会就要拉开帷幕了。

2010年,我希望有机会为来自国内外的亲友甚至更多的客人演奏《高山流水》,演奏大家喜爱的《茉莉花》。

小贴士

茉莉花,别名:茉莉,花期5~8月,果期7~9月。茉莉的花极香,为著名的花茶原料及重要的香精原料;花、叶药用治目赤肿痛,并有止咳化痰之效。原产印度、中国南方等。

一路有你

我喜欢你的样子,曼妙华丽的琴身,清丽空灵的音色,一切都完美得像是你琴身上那朵绚丽绽放的牡丹。相伴六年,成长的路上因为有你而显得不再艰难,纵使前方荆棘布满,我也淡定从容。

初识你,是六年前的一个下午,暖暖的阳光照在老师的身上,老师正在弹奏一首古曲,曲子的旋律很美,仿佛琴在浅吟低唱。那一刻,我似乎感觉到进入了另一个世界,一个纯净的世界,一个美得让人窒息的世界。而那把有着绝美音色的琴——琵琶,从此融入了我的生命。

我起初以为弹琴只是一种技巧、才艺,没想到慢慢地学会了很多琴声以外的东西。犹记得那次雨天,刚上完课外面就下起了大雨。我左手撑伞,右手小心翼翼地拎着琴盒,冰冷的雨点打在手背上。没走多远,就感觉右手那有股巨大的力量向下拉,整个右手已经冻得不听使唤。这时我看到路拐角处似乎驶来一辆公交,一下子就拎起琴盒向站台跑去。

琴盒太重了,跑的过程中让我感觉跌跌撞撞的,差点被琴盒绊倒。雨伞被风吹得东倒西歪,雨也肆无忌惮地落在我身上、琴盒上。正当我打算过了那条路到站台时,公交车正好驶过,我呆呆地看着驶过的公交车,霎

时绝望占据了心头。数秒之后，叹了口气，再次拎起琴盒走向路对面的站台。

学琴的地方是在小镇的最东面，很偏僻。我一个人抱着琴盒撑着伞等在站台上，看着面前灰蒙蒙的天，听着耳边呼啸的寒风，心里沮丧极了。慢慢地，听见一阵琴音从远方飘来，起先是略带忧郁的，就像这个雨天，而后渐渐地柔美起来，成为烟雨蒙蒙的江南。起先有些奇怪，后细细一听，原来这是自己心中的声音。而这曲调，正是不久前弹过的一首，当时弹总找不到感觉，无法表达出曲中的感情。现在想来，或许正是一种失意中的乐观吧。我看着琴，心里渐渐平静，只剩下那琴音，音乐里，有灿烂明媚的笑容，还有一份坚强。

其实，琵琶也是坚强的象征吧。她本就源自大漠，在金戈铁马中，自然骨子里也流露出那份坚强。后来却也有了江南的妩媚，伴着温婉的吴侬软语给人心灵更多的慰藉。

千年琵琶，多少人多少事都随着时光的变迁渐渐远去，化作历史的沉淀，却唯有她载着华夏千年的星辰、千年的历史与文化依然默默低唱，带给了现代人记忆和抚慰。琵琶，她的铮铮铁骨里流淌着绝美的音乐，以及那份永远辉煌的文化记忆。

一路有你。琴音在耳畔响起，清丽中有着我的执着，我的坚强。我愿随着琴音，一路踏寻华夏星辰，一路为梦想而奋斗。

伴随我，高中、大学……一步一步走向前方，在苦闷时给我安慰，在欢乐时为我助兴。

满溪柳（初三年级）读《杰出青少年的七个习惯》

这本书对孩子影响较大，孩子甚至按书中学来的要求老爸，我也会积极接受批评，努力提高。

作者是美国肖恩·柯维。《杰出青少年的七个习惯》是全球超级畅销书，已被翻译成16种语言，在120个国家出版。

内容简介：

美国的强大是从培养杰出青少年开始的。本书是一个密集的训练计划，在美国青少年中最具影响力，它直接影响着美国青少年的素质。

书中充满聪明的点子、伟大的格言和令人惊异的人生经验，对于年轻人来说，这是一本不可或缺的好书；对于青少年的父母、老师以及足以影响青少年的任何一位成年人来说，本书也是必备读物。

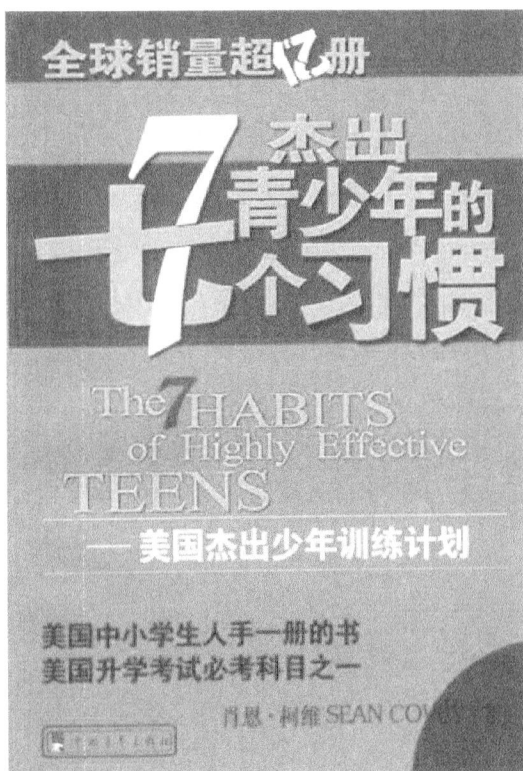

目录

第二章　耐心细致,循序渐进

中考过后的暑假,绝大多数孩子被家长带着东奔西跑地补课,特别是对孩子期望值高的家长,提前补高中的语数外。

我安排孩子多弹弹琴,多打打乒乓球,在家里自己练练钢笔字,学学古诗文,学学英语,也带孩子外出旅游了。

高一开学,8 月下旬,我带着孩子高高兴兴到了新学校。孩子学校离家较远,在校住宿,一周回家一次。周五下午,孩子回家,我会到学校迎接孩子,一周未见,孩子见到我有说不完的话,谈学习谈同学谈老师,等等。周日下午孩子离家返校。我常常在周日晚上或周一周二,把孩子在校一周情况写个总结,给孩子一个指导。有学习方法的指导,写作文学英语等,有时间管理、同学相处、班级管理等。孩子在周五晚上回到家,我会在周五晚或周六给孩子看我写的总结。如此每周都有互动,直到孩子高中毕业。

孩子上大学时,虽然在上海,离家不远,但回家次数少了,常常两三周回家一次,我还会写几句,要求孩子看看。

写给女儿成人仪式的信.

2012.11.22.雨

孩子:

我亲爱的女儿,十八岁了,啊,感觉过得很快!虽然一直陪伴着你,平常都会给你讲故事说道理,但当你踏上成人之坎时,老爸还是心情复杂,心里千言万语不知从哪一句说起。

女儿,中国人常说闺女,我想应该是女儿要多一点保护多一点疼爱,男女有别,地球的另一也也是如此。闺女啊,学会保护自己!希望你的人生之路平顺一些,生命的旋律是优美而舒缓的。男人,到大风大浪中锻炼自己,摔倒了再爬起来,男人的乐章可以是激荡起伏,惊心动魄的。

十八岁,算是大人了,在法律上享有了成年人的

第一节　高一年级

季羡林先生谈"成功"

溪柳：

　　《季羡林散文精选》中关于"成功"有一篇高论。你读了英译，我很高兴。你认真地完成了我先前给你的要求。其中，文中提到王静安表述的成功三境界。这里，王静安即王国维，静安是他的字，王国维当然是近现代国学大师。

　　你这样的学习很好，一箭双雕，既学习了英语又开阔了眼界，望你坚持。

爸　8.31晚

　　人生三大境界是王国维提出的一个说法，他在自己的著作《人间词话》中说：

　　古今之成大事业、大学问者，必经过三重境界：

　　第一境界：昨夜西风凋碧树，独上高楼，望尽天涯路。此句引用北宋文学家晏殊的词。

　　第二境界：衣带渐宽终不悔，为伊消得人憔悴。此句引用了北宋著名词人刘永的词。

　　第三境界：众里寻他千百度，蓦然回首，那人却在灯火阑珊处。此句引用了南宋著名词人辛弃疾的词。

国学大师王国维精妙地以三句词道破人生之路：起初的迷惘，继而的执着和最终的顿悟。

季羡林（1911—2009 年），国际著名东方学大师、语言学家、文学家、国学家、佛学家、史学家、教育家和社会活动家，北京大学副校长。

与女儿谈友情

与朋友相处是很有学问的。

我的观点：与朋友，特别是新朋友最好要保持适当距离。

古人有过这样的表述：穷在闹市无人问，富在深山有远亲。

英国首相丘吉尔说，没有永远的朋友，也没有永远的敌人，只有永远的利益。

人是需要朋友的，但保持适当距离方能保住友谊。距离太近，大家彼此都不舒服。古语说，路遥知马力，日久见人心。时间是检验朋友的试金石。

后注：虽然友谊的小船说翻就翻了，但我们仍需要朋友，渴望友谊。

人生之路，有的朋友陪我们走三年，有的友谊保持四年，也许有一两位朋友陪伴我们很长时间。一辈子，会有不同的朋友，携手前行，相互鼓励，合作共赢；也会碰到朋友之间竞争甚至由此受到伤害。这些都是我们成长必经之路。

没有友谊，就没有幸福。——亚里士多德

谈粗心（从数学测验谈起）

一次简单的高一数学测验，丢分的绝大部分竟然是因式分解内容。翻开当时的草稿纸，发现利用"十字相乘法"时，$8y^2$ 竟分解为 y、$4y$，刚起步时就出错，后来做不出来，放弃，后面又一次出现因式分解类的题目又再次放弃。

解一道数学题，像弹一首曲子，刚开始是舒缓的，细致的，要花时间的；中间是精彩纷呈；收尾则是水到渠成，大功告成，当然小心翼翼的，不可有小差错，否则前功尽弃。驾驶汽车也是这个道理。

做事学习都应该是一板一眼，小处见功夫，细节现精神，一步一步，欲速则不达。数学求解要五步，我们可以写六七步，书写符号字母等要规范，如绝对值符号，括号，如希腊字母 α、β、γ 等；语文更是要写好方块字，把字写得方方正正才是好的；英文单词书写要清晰，包括考试试卷上 A、B、C 都要清晰。

充分关注细节。有人说细节决定成败，这是不无道理的。老子强调，天下大事，必作于细。关注细节，希望你养成这样一个好习惯。有了好习惯，关键时你必有回报，而坏习惯关键时却会让你付出很大代价。曾有报道说，几个大学生竞争一个工作岗位，一个人捡起了地上的废纸片而在竞争中获胜。类似事例很多，有的通过摄像监视应聘者的举止言谈，即无他人在现场，看应聘者的表现。诸如此类，都是通过细节观察人的表现，考察人的素质。

从现在开始，高一开始，养成好习惯，逐步克服不良习惯，高三必将有大收获。

表面是数学问题，其实是学习习惯、学习方法问题，不处理好，数理化都会受影响，导致学习成绩不稳定。

高一年级，当然是以三年时间来统筹安排自己的学习，把握好学习的节奏和规律，不盲目不急躁，有条不紊，冷静理智地面对问题，高三时就一定能取得理想成绩。

谈克服粗心大意

做事可以常写备忘录，养成习惯，就可以有效地克服丢三落四的毛病。具体地说，出门离家可以写"物品清单"，早早地列出必带物品，随后还可以不断补充，出门时一一对照，这样可以克服遗忘。

我一贯强调"粗心大意"是可以克服的。

第一态度重视。

第二寻找正确的方法。

俗话说,同样的错误犯了三次那就是愚蠢了。事实上,我们生活中、学习中有许多错误已是第三次甚至是第 N 次发生了。从细节做起,认真对待每一次错误,反思后拿出解决弥补的办法或者拿出预防错误再次发生的措施,我们将会把事情做得更好。

谈生活与学习

(1)班级干部之间如何面对竞争与合作?

(2)同宿舍同学相处,晚上不能因讲话聊天而影响早睡。

(3)洗衣服要讲究方法和程序,学会节省时间。

(4)晚饭前后时间是 4:30～6:30。

建议溪柳安排下午 5:20～6:00 弹琴。希望你有自己的时间表,不受他人左右。周四陪小王买东西,耽误一次,这与在宿舍和小费聊天其实质是一样的。没有处理好自己与好朋友之间的关系。

(5)体育课上,有打乒乓球的条件,要珍惜打球机会,与女生、男生都可以打球,要主动积极地找球技好一点的同学打球。

(6)课堂笔记,可以记在本子上,要简明扼要,抓住重点。

当然,记笔记是手段方法,是为学习服务的,更要重视思考。王金战老师关于课堂笔记的观点是对的,值得借鉴。缺少足够的思考,把时间花在书写上意义就不大了。

(7)希望坚持练钢笔字,摹字帖(前两月暑假,摹字帖,写字有很大进步)。

撰写周记,亲子共同成长

写周记,刚开始没有计划,没有刻意安排。

2010 年 8 月末,女儿读高一,军训,第一次离开家,较长时间地在外学习生活。可以说,这一状态家长、孩子都是新生活的开始,家长突然有了很多空闲时间。我于 8 月 31 日晚给孩子写了几句话,在孩子的一个本子上,说的是季羡林老先生的一篇散文——成功。几天前,我要求孩子读"英译",一方面让孩子学习英语,另一方面对"成功"要有较深入的理解。我在周记中表扬孩子认真地读了"英译",并希望她坚持这样的学习。

9 月 3 日晚,在周记中谈到如何与朋友相处,告诉孩子与朋友保持适当距离。孩子周末回到家,说了数学测验的事情。我在 9 月 4 日写了"谈粗心——从数学测验谈起"。在这篇短文中,从数学学习说到了其他学科的学习,进一步又强调,要充分关注细节。9 月 11 日,我写了班级干部之间如何合作与竞争,如何安排弹琴时间等。这一次确定了每周为孩子写几句话,可长可短,希望对孩子的学习生活等各方面有指导作用。

半年多时间,三十多篇周记,内容涉及孩子功课学习、住宿生活等,从学习态度到学习方法,从作息时间到食堂吃饭等。

十年树木,百年树人。家庭教育是一项漫长而细致的工程,很多事情的处理,家长需要很好的思考,家长孩子共同成长。我通过撰写周记,能抓住重点,促进了自己深入思考,给予孩子及时而理性的指导。孩子阅读周记,感受父爱,乐于接受指导。我撰写周记,手写,更有质感,更富有感情。同时,孩子还可以经常翻翻以前的周记。因此,撰写周记是我教育孩子很好的方式。我写"女儿成长周记",还希望对三年后孩子上大学时有一个总结,以期对其他家长和孩子有一个很好的帮助。

半年多来,我女儿学习成绩优秀,并且成为学校一名优秀的学生干部,通过严格选拔,现已进入学校学生会主席团。我坚信有我的陪伴和关心,女儿能够健康成长全面发展。

简要谈一下学习上有问题如何同老师交流

例如:作业多了怎么办?作为主要班干部如何取得大部分学生的支持,如何取得其他班干部的协助等。可以利用班级代表的身份同老师沟通交流;也可以先与班主任谈,充分考虑班主任的建议。与老师沟通交流须注意态度、语言和表述方式等。

如何理解身边女同学谈恋爱的问题

一般地说，大学阶段可以考虑谈恋爱的问题。过早的涉及，常会受到很大伤害，或要付出很大代价（可以说95%以上）。

这一次中秋三天假，第三天看世博会，第一天第二天忙忙碌碌地，紧张得很，没有打球时间，也忘掉了弹琴，忙得不可开交。

做化学试卷技巧

其中作业最多的是化学，有五张试卷。你先做了两张，速度较慢。在我的提醒下，你改变了策略。先看书，把基本的东西弄懂弄清楚，然后做练习，你深有体会地说，这样快多了。是啊，常说磨刀不误砍柴工嘛。

学习通常是一个螺旋上升的过程，是不断循环深入的过程。先看书，搞清基本的东西，再做练习，练习做好了，回头来再看书，就可以看到更细致的地方、常被忽略的地方，这时看书就有了更深入的理解。这时，再做练习，便迎刃而解了，会有得心应手的感觉。

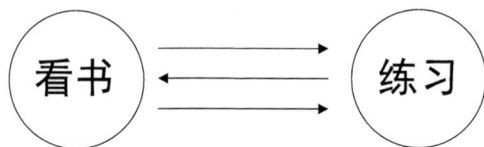

看书 ⟷ 练习

如何认识网络聊天等问题

近日看了《文汇报》关于美国教育部部长的报道，记者问教育部长，（在家里）是否会为孩子买游戏机？部长非常明确地强调，他不会为孩子买游戏机的。记者进一步报道说，部长家庭看电视时间也很少的，晚饭后，全家人常会一起读书看报。

由此想起两年前关于比尔·盖茨的报道。有报道说，比尔·盖茨严格限制自己女儿上网时间，甚至规定每天不超过半小时。中国工商界名人马云明确表示，网络游戏再赚钱他也不做，因为他认为那是危害社会的。

很多时髦流行的东西是害人的，有的害人堕落，干坏事；有的害人平庸甚至俗不可耐，浪费大量时间，一事无成。

溪柳，你已有几次刚到家，急匆匆地奔着电脑而去，旁若无人，完全把盼你回家的家长晾在一边。老爸有很多关心你的话想问想说，而你关心的是QQ之类。当然这一次你接受了我们的批评，马上离开了电脑。看到你的进步，我们很高兴！希望你不断进步，顺利地成长！

青少年网络成瘾现象分析

在当今网络时代，青少年网络成瘾现象较为普遍，对为数较多的青少年身心健康造成较大危害。众多青少年网络成瘾现象背后成因却各不相同，笔者研究这一课题，企图揭开网络成瘾现象的背后不同原因，以此引起家长及学校教师对问题的重视，采取有针对性措施对成瘾的青少年进行矫治，或者做好预防工作，防患于未然。孩子网络成瘾，家长不当的教育方式是主因。有的家长溺爱孩子，孩子任性；有的家长对孩子关心不够，放任自流；众多中小学生网络成瘾，学校也有不可推卸责任，学校应积极推进素质教育，充分重视学生的心理教育，而不是一味地搞题海战术整天拿考试说话。

"网络成瘾"危害青少年

网瘾群体上网目的以玩网络游戏为主。另据报道，近年已形成全球化的电脑迷恋症。网络成瘾已是全球普遍存在的问题。

为什么孩子网络成瘾？家长的不正确教育方式是造成孩子网络成瘾的原因之一。据报道，2015年同济心理卫生研究中心在针对武汉市1200名中小学生网络成瘾的原因分析后发现：90%的孩子沉迷网络与父母不正当的教育方式有密切的关系。

中小学生网络成瘾，学校有不可推卸的责任。当下有的学校教育，表面轰轰烈烈的素质教育，内在却是踏踏实实的应试教育。应试教育者"目中无人",关心的只是分数,于是很多学校心理教育缺位。学校没有心理咨询室,心理教育不到位,学生缺乏倾诉的地方,学生心理问题无法得到很好的解决,学生面对挫折、打击无所适从,他们企图摆脱由家庭和学校带来的烦恼,问题无法解决,他们选择了逃避,于是逐渐爱上了网络游戏。用网瘾者的话说:"可以在网络里体验一种主观的阳光灿烂……游戏情节完全是一种诗意的表达,沉浸在里面自己好像进入了天堂,让我觉得很美好……游戏可以给我一种巨大的成就感。"

孩子之所以沉迷于网络,是因为他们在现实生活中遇到种种困难而又解决不了,只有逃避到虚拟的网络世界;或者说,是因为他们在现实生活中应该得到、却又因为种种原因得不到的东西(快乐、自信、安全感、认同感、成就感)可以在网络中寻找得到。

对付"网瘾",收效甚微

孩子一旦形成网瘾,家长是很难处理好的。这时家长又是打又是骂,亲子关系恶化,无法解决问题。一般地说,班主任老师对于沉迷游戏的学生,会认为学生贪玩,浪费学习时间,居高临下,严厉批评,不能耐心细致地倾听学生的心里话,教育方法无针对性和科学性。另外,老师更关注考试和学生的分数,对于学生的身心健康无暇顾及。家庭学校都无能为力,结果是学生一步步陷入网络游戏之中而不能自拔。

矫治"网络成瘾",学校心理教育重要任务

学校应成为防治青少年网络成瘾的主战场,学校应义不容辞地扛起防治学生网瘾的大旗。青少年网络成瘾已成为较为突出的社会问题,而这一问题具有较强的隐蔽性,也是学校教育中近年来突出而未引起重视的问题。如不采取强有力的措施,这一问题有进一步恶化的趋势。拯救网络成瘾少年是一项复杂的系统工程,需要提升学校心理教育水平,改善家庭教育,营造良好的社会环境氛围。国家和地方近年纷纷出台法规,加强了对网吧的管理,限制未成年人进入经营性网吧,公安部门也加大了对黑网吧的打击力度,这些方面已经取得了可喜成果。教育行政部门,考察

学校工作时,要切实重视学生的身心健康,而不是简单化地看分数,简单地迎合社会的错误眼前的需求。学校要把戒除学生网络成瘾工作看作是义不容辞的任务。还要通过学校的心理教育带动和改善家庭教育,从而对于戒除学生网络成瘾形成家庭、学校合力,取得理想效果。

1.矫治"网瘾",学校心理教育重要课题。

可以说,就目前的学校教育来说,对矫治学生网瘾问题最有效的不是学校德育,也不是班主任的思想教育,而是用心理咨询的方式,但将这一新问题定位于常规心理咨询层面是不够的。现实中,有网瘾的学生大多数是不会主动求助的,因此,我们要在心理咨询室守株待兔式等待网瘾学生是徒劳的。实践证明其效果不佳。

矫治学生网瘾,需要全方位多渠道有重点地采取措施,进行大量的心理辅导工作。将这一问题界定于学校心理辅导层面,才有利于问题的解决。所谓学校心理辅导,是指教育者运用心理学、教育学、社会学、行为科学等多种学科的理论与技术,通过集体辅导、个别辅导、教育教学中的心理辅导以及家庭心理辅导等多种形式,帮助学生自我认识,自我接纳,自我调节,从而充分开发自身潜能,促进其心理健康与人格和谐发展的一种教育活动。

2.学校心理教育,要建立"反网瘾"网络。

第一,学校家庭充分重视网瘾问题,了解网瘾的危害。笔者一位朋友,虽身为教师却教儿子玩网络游戏,很快儿子超过了老子水平。后来发现儿子游戏上瘾,于是急刹车,为时已晚。学校从领导到老师都要了解网瘾的危害。很多报道的案例中近70%的学生原先学习成绩非常优秀,甚至"轻轻松松全校第一""跳级进市重点"。网络成瘾后,学习成绩一落千丈,人是病态的样子,逃学,亲子关系恶化,甚至视亲人为仇人。据报道,有的网瘾少年因上网而严重损害身体健康,有的网瘾少年向往虚幻世界而自杀。有的因网瘾而引发杀人等。学校要在家长会上强调重视网瘾问题。

第二,预防为主,开展形式多样的活动,预防网瘾。如主题班会、专题讲座、主题演讲、主题征文以及班级墙报等,通过丰富多彩的活动,教育学生了解网络,认识网瘾的危害。培养学生健康地科学地上网。

第三,以心理咨询室为中心,形成全校领导老师参与,学生家长积极配合的立体网络。一旦发现学生网络成瘾,及时动员学生甚至老师或家长带领学生到心理咨询室求助。情况严重的,心理教师要及时转介到专家门诊,采取药物和心理的综合治疗。

第四,从源头抓起,学校要积极实施素质教育,充分重视学生的心理教育,提升学生的心理健康素质,开展丰富多彩的文体娱乐活动。在日常教育教学中渗透心理教育,教师多给学生关爱,少给学生过重作业负担。学校要加强对学生休闲娱乐活动的教育和引导。近年笔者观察,有许多被录取到上海市重点高中的学生,初三毕业的暑假要放松和娱乐,却别无选择,琴棋书画一窍不通,游泳乒乓一无所能,旅游观光未作打算。学生闲暇生活质量不高,低层次不健康的休闲娱乐方式很容易乘虚而入。

(注:上文是多年前撰写的,收入本书时略有改动。)

学会说"不"

孩子,你国庆回来说,班里有几个同学要参加辩论赛。初赛,班里四位同学参加,组委会点评只有一人较优秀,接下来,参赛的那位优秀者重整人马,想新招三位搭档。在你离校时,很含糊地接到了准备做一辩的通知,假期准备辩论词。听你的叙述,我不主张你接受这样的任务。后来,听说那个"主辩手"又安排另外两个人写辩词。事情的发展和我预想的差不多。这样的辩论任务,刚开始就不明确,既没有班主任的安排,也没有班委会的讨论,再者,首次亮相,出师不利,再重整旗鼓,也很难取得好成绩,因为新的四人小组如何分工合作都不得而知。因此,这样的任务当然在第一时间拒绝为最好。

很多事情均是如此,与其勉强答应别人,到后来常会出现这样那样的事情,愈来愈为难,进退两难,倒不如刚开始爽快地拒绝。在第一时间的拒绝,别人更能接受和理解,他也能更好地找到替代方案。而刚开始不好意思拒绝,到后来,却置自己于被动,给自己增添烦恼,后来再拒绝别人,别人也会很失望。

聪明人接受任务，是自己擅长的喜欢的，是可以不计后果的；是领导或大家安排的，自己承担了，即使效果不佳也没关系，虽败犹荣。

拒绝别人，有时也要讲艺术的，但是很多时候要敢于说"不"。

做大量的习题或补课未必可取

国庆假期回家谈到你同学的学习，说他们暑假有很多人学习了高中课程，做了大量的习题。虽然你不想和他们一起补课，但是你对补课做习题的效果，我感觉你还是相信的。

我想你还是不要被身边同学的表现扰乱了。

北京王金战老师的女儿，虽然高一入学时成绩较差，后来三年时间，从王老师写的情况看是没有专门请老师补课。高考前，王老师虽然教数学，却花了很多时间帮助女儿准备作文，肯定没有找什么语文名师补课，甚至可以看出来，名校的那个语文老师功夫也不怎么样，看来关键是靠自己。王老师女儿的数学学习也是按部就班，没有额外补课做什么习题。高考前，王老师特意安排一周时间帮助女儿学数学。可以看出，高中三年时间，并没有给女儿上很多数学课。王老师书中也介绍了他学生的学习情况，学生自己有很好的计划安排。总之，学习还是要循序渐进，到什么阶段说什么话吧。不论高一或是高二，首先是把教材掌握好，基础理解好，不要急于求成，基本功做好，为后来提高和冲刺创造条件。

各科目的学习都遵循着基本的科学规律。根据心理学研究的遗忘规律理论，即心理学家艾宾浩斯遗忘曲线揭示的道理，假设1个小时的学习任务，那么第一时间可以投入1个小时，在当天或第二天再投入10分钟复习或进一步学习，即12小时或24小时以内及时复习；第三天再投入5分钟，进行巩固和强化，在第四天前后再投入5分钟复习，这样的学习效果会非常牢固。

学习一项任务，不是时间愈多愈好，超越了度，将得不偿失。简单重复是浪费时间，在第一时间就上难度，挖深度，很累而且没有好效果。有很多的学习任务，是有层次性的，特别是数、理、化更是如此，高一、高二达到适当的层次就好了,过一段时间,融会贯通,这时再上难度,便可迎刃而解了。

总之,对未来不必恐惧。高一一年时间,先跟着老师走,数理化不必追求难、怪问题,把基本的包括细节搞好,不必追求综合性问题;英语的优势希望你保持住;语文包括英语,把字写好也很重要,英文字母也要写好,花一点时间,零碎时间,10分钟也可以练练字,有时要写张字条,那也把字写好。另外,语文、英语甚至数理化,简单的问题不要复杂化,坚定地向前走。

在这里,和你再谈谈历史地理的学习。现在,老爸希望你每一门课都能认真对待,不必追求名次,但是可以稍稍多花一点时间。比如,学数学是10个小时,大家都这样,那么你甚至可以少半个小时,而大家学地理平均是1个小时,你可以安排1.5个小时,这样地理的学习效果就会立竿见影。

古代有"田忌赛马",今天我们仍然可以用"赛马策略"和别人比赛。

生活上不必标新立异

你近来常会说你们是时尚的,追求流行,并强调你们同学都是这样。说什么"老公""老婆"的,你宿舍三个人,怎么另外两个都被你称为"老婆"了呢?

老爸希望你成为一个优秀的人,高素质的人,有内涵的人,而不是庸俗的人,"太平凡的人",当然不是"大家都这样"的人,也不是"我们同学都这样"的人。

老爸希望你有个性,别人尊重的个性,有风格,别人羡慕的风格。

"出类拔萃"就是和大家不一样。

当然,要与周围人保持良好的关系,但是,请记住:君子和而不同,小人同而不和。如果别人不接受你独特的个性,那他就不是你真正的好朋友。

尊重自我,保持自我;尊重别人,不迷失自我!

学会"拒绝",学会"求助"

很多事情要亲身经历和体验,方明白其中道理。

近日,你回来说有一件很为难的事,你要代表班级参加校运动会八百米项目。你说,近期体质不好,没跑多远就喘了,刚开始你没答应报名,是体育委员勉强而为。作为家长,不希望你做超越能力的事情,担心你跑步太累而影响身体健康,因此,鼓励你争取退出比赛。没有想到体育委员的话,你是那样地看重,并且由此想了很多很多。

半个月前,刚给你说过"学会拒绝",这次在第一时间你肯定是没有明确而坚决地拒绝体育委员,这就造成后来事情发展越发烦恼和被动。

是的,很多事情大人讲了道理,而当自己实际面对时,往往还是处理不好。亲身感受才知"那是真、那是痛",甚至要两次三次印象深刻,才能真正吸取教训。有少数而关键的大事是不允许犯错的,错了可能就难以弥补。因此,面对少数而关键的大事,我们要慎之又慎,早做准备,防患于未然。

另外,学生的事情,不管是中学的还是大学的,自己为难的,找老师都是很好的方法。不找老师,其实是放弃了一条很好的途径。老师所想所做肯定不是你能想象到的。当然,你的想法或是有什么特别的要求,老师一般也会采纳的,老师甚至也会为你保密,如果需要的话。可以把老师看作是好朋友的。老师,有很多方面是学生所不能及的,知识、经验、资源等等。向老师求助,不是你表现不好,恰恰相反,求助老师是你聪明的表现,是你善于利用资源有能力的证明,是你思路开阔的表现。

人是要学会求助的,学生是如此,大人也是如此。对于学生来说,老师就是"高人"!

关于住校吃饭问题

孩子,住在学校一周时间,在校内吃饭,总体来讲是可以放心的。但是,你说各品种的菜是自己选择的。因此,关于饮食方面给你谈一些意见。

饮食,最重要最要紧的有两点:其一是卫生,其二是营养。卫生标准达不到会影响到身体健康的,严重的甚至会有食物中毒现象。营养,讲的是荤素搭配,淀粉、脂肪、蛋白质甚至微量元素以及纤维素比例适当,其中纤维素可以促进消化,促进新陈代谢。现在,强调较多的是多吃蔬菜水果，其实，学生脑力劳动繁重，脂肪、蛋白质比正常成年人要适当偏多。

饮食味道口感好或叫"好吃"是我们选择的重要因素，也是我们常会做出不理智选择的原因。大人也常会抵制不了美味的诱惑，如火锅烧烤对健康都是不利的，偶尔尝尝也无大碍。我们家吃油条次数不多，是我有意为之，油条的口感不错，你妈妈喜欢的，但营养不好，对身体健康不利。

大人况且如此，小孩甚至大学生对美味的诱惑更是难以抗拒。因此，希望2/3的时间选择卫生营养，1/3的时间选择"美味"，注意品种多样，花样更新。希望你吃得健康，同时也希望你吃得愉快。

希望你一天天学会独立，学会为自己负责，学会选择。

"清华"只是人生重要站点之一

2010年10月上旬，上海世博会刚落幕不久，整个城市仍然沉浸在一片热闹之中。同时，奔驰十多年的应试教育列车愈加疯狂，车内人群挤压在一起，痛苦着挣扎着，有的人被抛出高速行驶的列车，深受伤害，甚至付出了生命的代价，但是，列车丝毫没有慢下来的迹象。

在这样背景下，被誉为上海市最顶尖的高中——华东师大二附中高三学生跳楼，已是见怪不怪了（悲剧是2010年10月发生的）。人们已经麻木了。

据说那个高三学生，语数外物化功课超一流，考试竞赛遥遥领先，早早盯住了清华大学，不知清华何故没有"预录取"这位"高材生"。意外的是"高材生"实在不高，太狭隘！"清华梦"破灭竟然让他选择了"破碎的人生"，从楼上纵身一跳，草草地结束了短暂的人生。可惜，可叹啊！

风华正茂的青春少年竟这样放弃了生命，令人惋惜。我们很容易想到，儿子的离去一定会给父母留下无尽的痛苦。细究下来，我猜测十有八九，儿子今天的悲剧，父母是难辞其咎的。那个家庭，关心的也许同绝大多数家庭一样，是考试、分数、名次以及什么大学，早把"如何做人"抛到一边了。也许是小学、中学一直宠爱有加，一帆风顺，一切大人包办，孩子不受一分委屈，孩子完完全全在温室里长大。当然，这支温室之花，盛开得很娇艳很惹人喜爱，养花人却完全忘记了孩子要迎接的还有高温、严寒、水淹、干旱等考验。

面对逝去的宝贵生命，我们的老师不知有何忏悔？那所名校校长有多少反思？相关老师和校长理应良心发现，拿出诚意而有所表现，让逝者安息，让生者得到慰藉。有的老师喜欢说，"我是为你（学生）好"。其实，更多的时候，这是借口，其实质是为自己好，企图以学生的成绩捞取自己的名利，只知道压榨学生，反而放松对自己的要求，不备课，不读书，不研究教学规律，甚至课堂上错误百出，极其不负责任。这样的老师常会拼命布置大量作业，恶劣地惩罚学生抄写十遍二十遍等。有的校长没有建立科学正确的激励机制，追求名利不做实事，工作简单轻松，置上千名鲜活生命不顾，追求享受，对教师管理简单粗放，感情用事，喜欢谁就是谁，一副土皇帝做派。这样的校长简单地拿一把尺子——升学率衡量老师的工作，对教师工作的科学性不研究不关心，对学生的身心健康漠不关心。最后，谁为"跳楼学生"负责？家长痛不欲生，老师、校长承担什么责任了？常常是不了了之。

今天，谁为学生负责？首先，自己为自己负责，其次，家长为孩子负责。家长孩子一辈子休戚与共，同舟共济。当然，孩子将来是掌舵人，今天要给他演练的机会。

在这浮躁的年代，还是保持一份冷静一份安宁一份从容为好。留得青山在，不怕没柴烧。万物有道，守住根本，方拥有美好的未来！

做事先松后紧还是先紧后松？ ——也谈拖延

一、近一段时间，约有一个月了，你回到家，总是先放松，QQ聊天、上网等，到周日了却很紧张，甚至多次要返回学校时作业还是没做完，只好把作业带到学校做。

生活中有很多很多人，做事拖延，拖到最后时间，要么放弃，要么草草收兵，匆匆收尾。其实，拖延行为，只会让你更不愉快。因为有事没有完成，在前一段时间，你回避要做的事情，玩一玩，享受享受。但是，任务的阴影会伴随你,你无法完全抛开,无法彻底放松,你玩得不会很痛快,很难尽兴。在后一段时间,你很忙碌地做,很紧张,甚至担心能不能及时完成任务。如遇突发事件,你就无法真正完全原计划的任务。甚至你要为此付出代价,打乱了正常的学习生活秩序,或求助他人,或遭受老师批评,或自己的一次好机会因此而放弃。这时,你的心情能好起来吗?

但是,在前一段时间,就紧张投入学习中,完成必须要做的事情,所花费(完成任务)的时间差不多,但是心理状态是很不一样的。做得时候有期待,完成任务后,大功告成,一定会有很快实现的感觉——我超越别人先做好了! 接下来,可以好好奖励自己,那当然心情愉快啦! 做完事情后玩得尽兴玩得痛快!

下文是做事过程示意图:

A:有点烦,不踏实;做事有担心;节外生枝,更郁闷

B:做事有美好期待;尽情享受!! 清爽,收获大

人是感性动物,绝大多数人是A模式的人,少数优秀的人是B模式的。其实,优秀的人不是天生的。曾国藩,被誉为中国古代最后一个圣贤。他童年时是个"笨小孩",但是他"屡败屡战",终于修炼为"圣贤"。B模式的人,有的已习惯了这种做事模式,有的是遭遇挫折,理智地选择了后一种模式,或者顿悟之后的选择。

溪柳,老爸希望你选择第二种模式,很容易的,三次下来你就会喜欢了。

细节体现你的素质

这次你周末回来,拿到了优秀学生申报表,全年级不到7%的比例,很不容易。我们全家都很高兴。

仔细看了你的申报表,发现了一些细节上有许多小问题。在申报理由栏目里,你第一写的是考试排名,而表的前一部分已明确写出,在此不必再写。下面写了许多文字,看得出来是勉强填满栏目,因为细看内容有许多重复。你写了自己的学习态度,自己的兴趣,历史学习方面的兴趣,没有突出自己的特长(参加琵琶演奏比赛获奖),也没有写到自己获得"优

秀团员"荣誉，其中里面还有语句不通的地方。

上述问题的出现，主要是你填写申报表态度不认真或不重视。态度认真了重视了，就很容易发现"表的注解"有明确说明，提示你写哪几个方面。当然，认真对待这件事的话，你就会思考写什么会更好。内容应该是能反映自己的实力，写出自己的优势，写出自己的成绩，也就是自己从几个方面具备"优秀学生"条件，把理由写出来就达目的了。

你之所以有小失误，关键是你误解了老师所说的全校前四十名一般是没有问题的。其实这名次是门槛，是关键，既然要求写出详细理由，当然是要认真对待，不认真对待就有10%淘汰的危险。认真对待，充分让老师看到你的优秀和突出，当然是更加稳妥。退一步说，即使遭遇其他规则，包括潜规则，淘汰了，那也是问心无愧的，没有遗憾。哪怕是百分之百的通过，让人知道你的优秀也是好事。认真对待"申报理由"了，接下来，你就会写提纲，打草稿，当做一篇重要的小作文来写，这是一学期总结和荣誉，当然重要。

常言道：百分之一的希望我们可以做百分之百的努力。百分之九十的把握我们不能有百分之十的松懈，更应该百分之百的努力对待，直到水落石出，大功告成。只要有机会，当然要把自己的实力表现出来。

说说"富贵"二字

最近读到史玉柱关于"富贵"的论述，富是不向别人伸手，贵者则是不向别人折腰。史玉柱，可以说是中国真正的大商人，大勇大谋之人，早年经商就轰轰烈烈，辉煌一时，但在20世纪90年代，史玉柱随着"巨人大厦"而轰然倒下，公司破产。但是十多年后，史玉柱又一次像巨人一样，耸立在人们面前。

富者，有钱，现在不是很难的事；贵者，讲尊严，讲气节论格调，确实不易。所以常言道，三代培养贵族。富者，有时非常吝啬，为富不仁，缺失内涵，远离文化，常遭道德谴责。只有贵者，让人敬佩，生活有品位，生活质量高。

我们家已有小康之富，日常生活费用应该是宽裕的，但我们却常常这也舍不得买那也享受不了，甚至到超市买猪肉要不要价位高的还犹豫再三。我想这与习惯有关，过穷日子习惯了；这应该也与观念有关。我们两个大人确实生活质量不高，希望你追求生活质量，生活愉快而潇洒一些！

补课真的重要吗？

昨天到你学校开家长会，知道了你这次考试成绩（大约班级十名），我认为很正常也很好啦！你妈妈听你同学家长说补课，又看到你同学名次很好，非常激动，认准补课会很神奇。

客观地说，补课大多数情况效果并不会好。少数情况也是需要补的，在高三时补课应该会有更好的效果，这是讲学习效果，不是讲名次效果。高一寒假考试，试卷难度不当，复习时间不充足，不补课考得稍差一点无大碍的。补课了，在老师帮助下有了考试针对性，效果出来了，这是很好理解的，但这算小考试，分数名次含金量还是低一些。补差补缺也是很有意义的，包括这样可以提高学习兴趣，增强信心，所以说有好处。

高中阶段如何学习，读读《文汇报》上有关一些名师的文章也是大有帮助的，名师会告诉我们学习各科目的方法技巧，包括语数外甚至物理化学等科目。

在这里给你来一道语文试题，并不是很难，编题者是复旦附中名师李海静老师，她强调语文学习是有章可循的。该试题得到了上海市名师黄玉峰老师赞赏。名师强调学生要关注课本，关注日常积累，练好扎实的基本功。

错别字修改：

本着不放过一个坏人、不怨枉一个好人的原则，侦查员们又开始缜密的梳理。仅管作案人隐藏得很深，还是留下了蛛丝马迹。侦查员老李终于发现重要线索，一股作气抓获了犯罪嫌疑人。真没想到嫌犯的住所竟然就在侦察队队部的隔壁。小结会上，老李无不调侃地朗颂起了苏轼的诗句：不识庐山真面目，只缘生在此山中。

请你将上文中五个别字找出并改正。

关于补课的观察与思考

满溪柳从小学到高中，基本没有补过课。大学考英语六级以及雅思考试都没有补课，没有上过培训班。

在初中阶段，有时为了参加校外数学竞赛或是古诗文竞赛之类的，参加过几次集训，除此之外，没有参加过补习班。当然，这并不能说不补课是最好的。

关于补课，我的想法是，语数外到初三或者高三时，找权威型老师即名师补一补，效果会好的。倘若平时，语数外补一门，补一年时间差不多了。不可形成依赖，造成孩子主动学习能力下降。补课时，先明确目标，半年或一年，这样效果会好很多。我曾经做过调查，80%以上的初中学生补课超过两年时间，补课科目两门甚至三门。周末，学生来回奔波在补课的路上，很疲劳，学生主动学习能力下降，自学能力下降，缺乏思考能力，对学生的后续发展是不利的。

很多家长说，补课了成绩好一点，不补的话成绩会差一点，补一补，考上好一点的高中学校。其实，家长只是凭感觉，自以为补课的钱花了，时间精力也付出了，效果好不好就由他去了。这样的家长处理问题只是看表面，没有深入思考。孩子补课后进入高中，但进高中不是目的，重要的是孩子的学习动机、学习兴趣和学习能力，这些问题不解决，到高中学校，学习成绩还是难以提高。

做家长的，对孩子的关心要深入细致，从小培养孩子有好习惯，好的生活习惯和学习习惯；培养孩子内在的学习动机，淡化外在的学习动机，什么考多少名奖励什么好东西，这只是强化外部学习动机；注重培养孩子学习兴趣和学习能力。孩子有好一点的表现就及时表扬和鼓励，每天都可以给孩子鼓励，而不是关注孩子的考试成绩。

在长期补课的学生中，2/3的学生是难以收到良好效果的。我想告诉家长，不要轻信补课老师的"神奇力量"。最重要的还是日常课堂上，孩子有没有主动积极地学,孩子回到家,要及时复习巩固。家长要和孩子一起研究讨论学习方法,解决学习中不专心等问题,甚至家长要读读有关学习方法的书,也可以向学校心理老师请教孩子的学习问题。孩子一门学科差,也可以向科任老师请教学习方法。

身体素质是一个人素质的重要一面

学期末考试,成绩出来了,我认为很好了,而你自己却不是特别满意。你强调是你感冒了,影响了学习,对考试不利。冷静地思考一下,为什么其他同学得感冒少,而你感冒次数偏多? 我们要想办法找出原因,采取相应措施,解决好这一重要问题。

第一,要认真听取大人的意见。大人是过来人,有丰富的生活经验和教训,有丰富的读书看报的积累。例如,春天快来了,天气逐渐暖和。中国有一句养生名言,春捂秋冻。适当多穿一点,会更有利于身体健康。体育课运动后,要尽早地把减少的衣服穿回来。因为等自己感觉凉了,再穿衣服恐怕为时已晚。如何把握这个度,我想运动后感觉不热了就要增加衣服,而不是感觉到凉了必须增加的时候。

第二,自己要反思总结。作息时间安排合理否? 因为住集体宿舍,洗澡次数和程序如何安排,快慢节奏如何把握? 这些都值得认真思考和合理安排。

第三,充分重视身体素质的重要性。身体健康是一生都要充分重视的,关乎一生的幸福。一个人如果经常有病,吃饭不香,这样的话有啥心情唱歌,还有多少欢笑? 生活质量必然大大下降。

孩子,老爸希望你身体健健康康,生活开开心心,其次才是学习好工作好。现在切实提高身体素质,这是一个人综合素质的重要一面,综合素质好,我们就可以自信潇洒地走向未来。

亲子关系中的"留白"艺术

生活中,家长对孩子的学习和生活总会有这样的教导和那样的安排,并且不厌其烦,千叮咛万嘱咐的,不放心啊! 孩子无法忍受家长的唠叨,或表面应付或明确抗议,尤其是处于青春叛逆期的孩子更是难以接受家长的这种"爱",甚至出现亲子关系紧张的情况。

中国画非常强调"留白"艺术。我们家长确实需要学一学"留白的艺术",保持好亲子的适当距离,学会倾听,学会尊重孩子,形成良好的亲子关系。

我们见到有一部分家长过于强势,干涉过多,孩子容易形成"退缩型"人格,遇事依赖退缩,这样不利于孩子自主能力的成长。孩子学习也需要在挫折中学习在挫折中成长。家长不是消除孩子前进中的挫折,包办代替,只能是陪伴他克服一个个小挫折,帮助他成长。

我是心理咨询师,但有时也对孩子要求过多,孩子不高兴。特作以上反思,以培养良好的亲子关系,帮助孩子健康成长。

处理好"学科和老师"的关系
——可以不喜欢老师但要喜欢这个学科

作为中学生,都要面对语数外以及历史地理等很多学科,同时要面对教授各个学科的老师,处理好学科和老师的关系,直接影响到学科成绩,有的甚至影响一个学生的综合表现。

喜欢一门学科,不一定喜欢那位老师;另外,喜欢一位老师大多会喜欢他教的学科。如果能既喜欢学科又喜欢老师,当然好,只是此种情况为数不多;现实中,既不喜欢学科也不喜欢老师的不少,但这样学生大多是差生。因此,值得一说的是,喜欢学科或学科基础较好而不喜欢老师的情况。

溪柳,你瞧不起语文老师,说他思路乱,于是在语文课上不听课,甚至课上练起字来。如果他思路乱,不严谨,一般地,会常伴有灵活的优点,或有灵感,有华丽的辞藻有优美的语句。通过你的描述,语文老师不具备上述特点的。我猜测,他各方面可能都是一般,没有什么突出的优点。这样的老师上课没有精彩可言,但是老爸还是希望你再听一听。静下心来,耐心地听他三节课,也许情况比你预想要好很多。

退一步说,不听老师讲课,你可以自己看课文,读原文看注释,做语文练习作业,要做的事情有好多,做了这些,不听课也能保证语文成绩基本稳定。

不听课,不等于你就可以随意地浪费时间,要做一个自觉的学生,为自己的学习负责。老师的职责是帮助学生学习的。课堂上不听课,等于你选择了放弃老师的帮助。有时这样的选择是正确的,那么你就更应该全力以赴自学,否则语文学习方面你收获会更少,和全市学生比,你就吃大亏了。

学习,一定要明白,只有自己才是主人,老师是助手,是为你服务,你可以选择放弃他的帮助,例如跟着老师学习效率低收获少。老师不是为你负责的人,有的一年时间有的三四年,师生就各奔东西。

这世上,只有你自己为自己负责,负责一辈子。家长可以很无私为你奉献爱奉献金钱,甚至奉献生命,当然其他人做不到。但是,作为家长,我可以明确地告诉你,很多时候我只能是建议,靠经验教训尽力帮助你,陪伴你走向前方,路主要还是靠自己走,家长没有办法为你百分百地负责。

话说回来,尺有所短寸有所长。一位老师你看到的是优秀,看不到的他也许有难言之隐,如你的班主任老师,可能有许多来自父母压力社会压力。而有的老师实实在在,稳稳当当,不显山不露水,为人诚恳,我们也可以从他那里学习平常心。

准备收尾时,我想到了你的语文作业,字写得不成样子,作文不愿多花时间。这些是写给老师看的,但不是为老师写的,是为自己写的! 如果时间太紧张,你可以少做或不做,做了就要有做的样子!

数字中的奥秘

近日给学生上课,有的班乱糟糟的,于是给学生讲了一串数字的奥秘。

1的十次方仍是1,而0.9的十次方是0.35。0.9与1相差只是一点点,但是十次方之后,差距拉得很大。让我们感觉意外的是,1.1的十次方竟然是2.6,比1大了很多。

这些数字就好比我们的学生，一般班级里大约有80%的学生就是1的表现，而10%的学生则是0.9的表现，另有10%的学生则是1.1的表现。一节课40分钟，几十个同学表现分别看作是0.9、1.0还有1.1，大家的表现就有小差别，而一个星期下来，大家的差距就扩大了，一学期的时间，几十名同学前后顺序就会排得清清楚楚了。日积月累，一年两年十年过去，我们用金钱打比方衡量的话，一直是0.9表现的同学月工资是3500元，1.0表现的同学月工资是10000元，而1.1表现的同学月工资则达到了2.6万元，因为他比90%以上的同学付出更多的汗水，能够静下心来学习思考，拒绝诸多诱惑，一步一个台阶，不断跨越人生新高度，甚至成为某方面的专家，为社会做出了突出贡献，自己拥有了优越的生活和工作。

溪柳，望你做一个优秀而幸福的人！

游世纪公园，看梅花展

上周五父女两人游了世纪公园，很开心很有收获。傍晚阳光很好，但有风有点冷，游客很少。我希望游玩时人少一点，好好地看风景，而不是看拥挤的人群。原计划游（世博会）"中国馆"的，打电话过去问，工作人员说游客较多，要排队一小时，那就等等再参观吧。

世纪公园，据说是上海市梅树最多的地方。走进大片梅花，浓郁的花香沁人心脾，忘却了许多尘世的烦恼。女儿拿着照相机，奔走于红色的粉色的或是白色的梅花之间，远拍近摄，左一张右两张，咔嚓咔嚓，忙得不亦乐乎。

公园里游人很少，父女俩可以很轻松随意地聊天。女儿说她学校的故事。说到化学老师，说他给学生讲解问题时，废话多，会说到哲学问题。这次，倒引起了我的注意和思考。我说，这样的老师大多是很有水平的，把问题挖得深讲得透，探求问题的本质规律，帮助学生切实提高学习能力，帮助学生深入思考，举一反三触类旁通。这样的学习讲解才是更高水平更有含金量。

目睹大片洁白的梅花，嗅着浓浓的花香，我不禁想起古诗句：梅须逊雪三分白，雪却输梅一段香。是啊，白要低调淡定谦逊，香要自信执着大方。

小贴士

卜算子·咏梅——毛泽东

风雨送春归，飞雪迎春到。

已是悬崖百丈冰，犹有花枝俏。

俏也不争春，只把春来报。

待到山花烂漫时，她在丛中笑。

梅花——王安石

墙角数枝梅，凌寒独自开。

遥知不是雪，为有暗香来。

雪梅——〔南宋〕卢梅坡

梅雪争春未肯降，骚人搁笔费评章。

梅须逊雪三分白，雪却输梅一段香。

中国人抢购食盐的错误逻辑

近几日，日本特大地震引起了全世界关注。

（1）地震之后捐助救援问题。中国已派出救援队，并且积极地捐款捐物。国民因历史问题，日本侵华战争给中国人民带来了深重灾难，这已成为永久的记忆。历史不容忘记，但是今天我们还要理智地表现出人道主义精神。

（2）在大自然面前，人类还是脆弱的。人类面对大自然还是应该有"敬畏之心"。人类很多时候是无法战胜大自然而只能顺应自然，防患于未然。

如我们可以把大楼造得更坚固,而不是偷工减料,尽可能减少生命财产损失。令我不解的是地震引发海啸灾难远远胜过地震所造成的人员伤亡。据报道说,海啸是地震发生40分钟之后才袭击海岸的,人们有大量时间逃生的。从新闻报道看,很多人还是很盲目的,包括中国的新闻媒体人,企图第一时间赶往海边。中国采访车,看到人们纷纷向相反方向逃生,又受到明确提醒,之后才调转车头逃生。我认为中国记者在第一时间选择的方向就是错误的,那是通向死亡的方向。从另外的报道也可以看出来,很多人在震后第一时间并不知道海啸的到来。对此,我很费解。日本是防震减灾工作做得很好的国家之一,海啸应该能及时预报和发布的。前几年,印度洋发生海啸,死亡30万人,之后,全世界都高度重视这一深刻教训。

(3)谣言满天飞。在大事件发生时,常会有许多谣言传播,中国如此,海外诸国概莫能外。这次日本地震,除中国外,韩国、俄罗斯等国家也是谣言满天飞。人们在大灾难到来时,恐惧地失去了理智,很容易听信和传播谣言,因为他们不了解事实真相,缺少相关知识,没有冷静地思考和判断。因此,人们常说,谣言止于智者。周三周四两天,从城市到农村,大家听信谣言,拼命抢购食盐。

中国人抢购食盐的错误逻辑是,日本核电站发生核泄漏,污染海水,我们吃的食盐是海盐。其实,海盐占比例很小,我国青藏高原地区柴达木盆地,其中一个大盐湖的盐够全中国人吃8000年的。因此我们没有必要担心盐的问题。

绍兴游

上周你们学校到浙江绍兴旅游考察两天。我很高兴你能有这样学习游玩的机会。

古人说,读万卷书,行万里路。与之类似的道理是,大诗人陆游诗句:纸上得来终觉浅,绝知此事要躬行。

绍兴是中国著名的历史文化名城,历史悠久,文化灿烂。绍兴山水秀丽,名人辈出,可谓地灵人杰,旅游之胜地。

相信你绍兴游一定是大有收获。

野百合也有春天

洋泾中学高一（2）班　满溪柳

《红楼梦》中宝玉、黛玉、宝钗是主角，读者无不为他们绝妙的表现而喝彩，为他们的痴情而深深感动。除此，大师笔下诸多小人物也是熠熠生辉。

近来读《红楼梦》，四十八、四十九回写香菱学诗时，书中写道："香菱拿了诗，回至蘅芜院中，诸事不管，只向灯下一首一首的读起来，宝钗连催他数次睡觉，他也不睡。"看这几回，觉得香菱实在是好学，学诗的迫切愿望也叫人叹服，却不解其为何学诗？更何况她彼时只是个小妾、丫环。读"香菱学诗"两三遍后仍不得其解。

又是一年春晚时，今年却与往年有所不同。"西单女孩"、"旭日阳刚"、民工街舞团，今年的春晚"接地气"十足。

之前"西单女孩"的《想家》，"旭日阳刚"的《春天里》，都十分精彩，赢得阵阵掌声。这时上来一群小伙子，尽管身穿朴素的蓝色工作服，戴着黄色的安全帽，青春的活力丝毫不减。他们就是民工街舞团，展示了《咱们工人有力量》，他们的表演受到了全国人民好评。主持人董卿从右至左一个个地问他们的职业，每个小伙子响亮地说出了自己的职业，脸上笑容灿烂无比。

街舞《咱们工人有力量》，每个人都用心在跳，镜头里满是一个个欢快欣喜而舞动的人儿，展现了不一样的青春力量。这力量是原生态的，是那样的真实那样的感人，那力量是来自内心深处的，人们不时为他们酷炫的表演惊叹叫好。舞蹈中，能感受到他们是幸福的，看不到烈日下的苦，看不到一天十多小时的疲惫。民工街舞团懂得奋斗，懂得追梦，他们在精神上比许多"富二代"更富有！生在农村，他们无法像城市里的男孩那样身穿名牌，成日打篮球、耍酷吸引女孩子的目光。在城市里，他们毫不起眼，甚至卑微。但他们却无比热爱生活，在劳累工作一天后，常聚在一起学街舞。没钱请老师，他们就看视频自己揣摩；没钱买装备，依然苦练，为了练真工夫，练"头功"，他们甚至成了"秃头"。民工街舞团的成员们在接受采访时这样说，谈及这些，他们依然是笑着。舞着舞着，他们在舞蹈中忘却了一天的劳累，忘却了离家的思念，忘却了城里人鄙夷的目光，拥有了自己昂扬的精神世界。

民工街舞团，他们练街舞也是为了青春的梦想，为了在钢筋水泥的生活基本色中增添一抹亮色。朴实无华的他们可能做梦都不会想到自己会上春晚，他们像蚂蚁，辛辛苦苦在社会最底层忙碌，却少有人关注。那雄伟的高楼是他们建造的，光亮的大楼玻璃却很少照到他们的身影；那盘旋的立交桥是他们建造的，他们却没有自己的车可以在上奔驰。他们一直生活在底层，鲜有阳光照到的地方。但是，他们心里充满了阳光，他们为梦想而奋斗，终于在兔年春晚，他们成功了，他们大放异彩。

倏地，我就想起了香菱，发现她其实和这些民工很像。自小被拐，颠沛流离，到大观园又寄人篱下，仅仅是个小妾丫鬟。香菱在大观园中的地位是不高的，她"心里羡慕这园子不是一日两日的了"，于是刚到大观园就希望宝钗教她写诗。被宝钗婉拒后，香菱没有放弃，克服胆怯，向黛玉求教，终于争取到了学诗的机会。她一拿到诗集就废寝忘食地阅读揣摩，嘴里念的是诗，心里想的也是诗，众人笑她"诗魔"了。当他人皆要笑她时，香菱却毫不泄气，为了写一首诗，一次、两次请教黛玉，又一次两次地修改。学诗，更是为了梦想，追求美，这样做时香菱心中充盈着幸福。《红楼梦》中的贾珍，因为世袭，他生来就是将军，名副其实的"官二代"，终日过着纸醉金迷偷鸡摸狗的生活，一生庸庸碌碌，毫无成就，更难有真正的幸福。

香菱，不甘心命运摆布，她要做一个有美的追求的人，的确，香菱做到了，她在享受着诗，享受着美，成功地获得了周围人的尊重。

这个时代，每个人都有实现自己梦想的希望，小人物也可登上大舞台。野百合也会有绽放明媚的春天！

社会活动助你成长

近来,你作为班级乒乓球队员,代表班级参加了学校乒乓球比赛,最后赢得了冠军,为班级赢得了荣誉,为自己赢得了荣誉。

上一周月考成绩揭晓,你的成绩是稳定的,甚至略有上升,在班级里名次有明显上升。你们班整体成绩不理想,近半年不断下滑。

你们班主任及其他科任老师都有很大压力,但老师们也很无奈,无计可施。你主动向班主任提出,由同学们自己开个班会,班主任当然很高兴,也许这一招效果不错。

经过你亲身经历,你就会真正明白,做一件小事,要做好其实也不容易,需要大量的准备工作,需要关注很多很多细节。

优秀的人是在锻炼中成长起来的。优秀同时也是辛勤耕耘之后的收获,优秀是汗水浇灌出的鲜花。当然,优秀者是自信的,有自己的选择有自己的风格和方式。

"颈椎骨质增生"给我们一个大大的警告
——谈学习方法

上周末医院"X光片"检查,可以确定的是颈椎骨质增生。对此,我们都很意外。是啊,我们要好好反省了!

降低写作业的数量,提高学习效率,改善学习方式真是刻不容缓了。学习,本来是听、说、读、写,不同方式发挥着不同作用,但实际上,我们都过分地依赖"写"的方式,数理化作业绝大多数是写;语文、外语我们也过多地采用了"写",甚至"读"这种很好的方式也被我们放弃了,当然,即便是"读",我们也很少全身心地"摇头晃脑"式读了,更多的是"正襟危坐"式读,身体姿势是不变的。简单的学习方式,伤害了身体,降低了学习效果。

你所知道的"李阳疯狂英语",全身心地,手舞足蹈、无所顾忌,调动身体的相关部分,这样确实可以收到非常好的学习效果。因此,"说"与

"读"，我们完全可以采用新的方式来学习。

另外，我们可以很好地利用"听"的方式来学习，这一点我们重视不够。英语、语文、历史、地理等，我们都可以更多地采用"听"的方式来学习，可以站着坐着甚至躺着学习。

塞翁失马，自此我们改变了学习方式，丰富了学习方式，也许可以提高学习效率，提高学习成绩。当然，最重要的是切实改善和提高身体素质。

关于学习方式，心理学是有详细研究的。最近我可以找到这方面的研究成果。上文所述，大方向是科学有效的，希望你认真落实，切实地把身体搞好，如果学习成绩不大幅度下降就更好了。

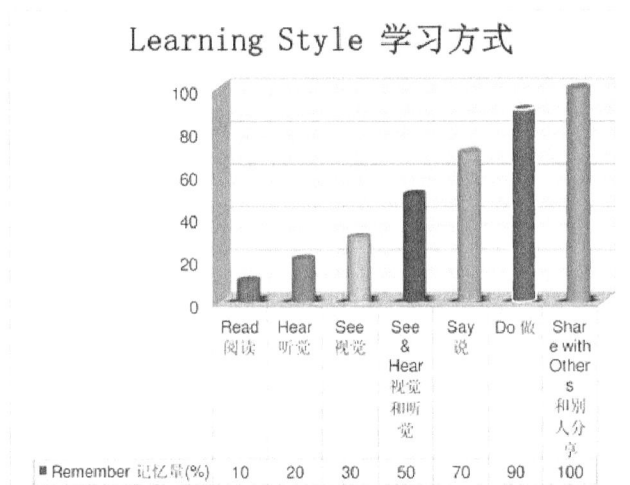

Learning Style 学习方式

	Read 阅读	Hear 听觉	See 视觉	See & Hear 视觉和听觉	Say 说	Do 做	Share with Others 和别人分享
Remember 记忆量(%)	10	20	30	50	70	90	100

后记

专门为孩子买了录音笔，孩子课后听录音，学习效果很好。

小贴士

少年鲁迅总结的学习方法，"读书三到，心到、眼到、口到"。

后来鲁迅又强调读书"五到"：

眼到：集中在书上，不可看别处。

口到：认真读书，有感情。

心到：读书最重要便是心，用心去读，不可三心二意。

手到：读书时，做做批注，在有感受的句子旁边写上自己的体会。

脑到：提出不懂的问题，善于思考，追根求源。

重视孩子身体素质

孩子在六年级时，体育课800米测试，是及格等级。

这时，我想一定要提高孩子的体育成绩，提高孩子的身体素质。于是，晚上七八点时，我带孩子在小区里跑步，跑了一个礼拜，孩子不想跑要放弃。我就改变策略，送孩子到乒乓球老师家学习打球。三年下来，孩子乒乓球打得有模有样了，重要的是孩子800米跑成绩达到了优秀，实现了我让她学乒乓球的愿望。

一般地说，要选择孩子喜欢或起码可以接受的学习项目，这样学习效果才会好。家长不宜只站在自己的角度而不考虑孩子的感受，缺乏思考和研究，简单地给孩子安排学习项目，那样结果只能是事与愿违。家长要学会倾听孩子的声音，充分考虑孩子的感受，这样孩子才会有更好的表现。

孩子在同济大学，会和同学老师打乒乓球，锻炼了身体，增强了信心，增加了学习机会和社会交往机会。孩子还代表同济大学参加乒乓球比赛。

体育方面，和大家分享一下孩子跳绳的故事。孩子读高二时，可能是体育课的要求，孩子在家练习跳绳。孩子在小学初中都有过跳绳练习，但跳绳成绩都不好，跳得很慢。我想，慢就慢吧。孩子在运动方面是缺少天赋的，我这个家长的运动基因就不行。高二体育课，又一次面对跳绳问题。孩子很积极，认真练习，多次请教老师，校内校外加强了练习。有一天，孩子在家练习，取得了很大突破，她很激动，欣喜地告诉我她的好成绩。我当时也为女儿进步而高兴。我说："很棒！汗水终于换来了好成绩！"

家长要学会等待，有足够的耐心，三年五年甚至更长时间。孩子有一天潜能爆发出来时，你会为孩子的表现而惊喜！

家长如何欣赏鼓励孩子？

"跳绳跳得好，如果语数外学习能进步就更好了。"

许多家长喜欢说这样的话，甚至有家长说："跳绳跳不好没关系。""跳绳好有啥用？"

家长赞赏孩子的成功，增强孩子的自信心。家长要充分关注孩子的感受，即使是细小的成功，也是孩子看重的，家长也要及时鼓励和赞赏，和孩子一起分享成功的喜悦。家长不可因为满脑子语数外分数和班级排名而忽视孩子细小的进步和成功。

"跳绳成功了，是多练习请教老师坚持不懈结果，语数外学习，我们一样有信心成功，加油！"家长这样给孩子说话，孩子才会很开心。

因为身体健康的问题，孩子有自己的反思：

想对自己说……

因为疼痛难忍，去医院检查，才知道自己颈椎骨质增生了。"百度百科"了一下，发现竟是中老年易得的病……我感到惊讶，惊讶之余作了一番反思。

常常周末回到家，爸妈就问，苹果吃完了吗？答曰，没有。爸爸很不高兴，说连基本健康都不能保证。是的，每天早6:10起背书，傍晚5:30放学，已把我的神经绷得紧紧的了。回到宿舍大致是傍晚6:00，想弹琴，20分钟都成了奢望。弹琴不尽兴，读书有时会觉得累。有一次下午第一节语文课，课前困得不行，嘴里一直念叨着，"春眠不觉晓，春眠不觉晓"。当成一个笑话说给好友听，再想想，多无奈。

看过一篇文章，说每个高三生都是猎枪下逃跑的兔子。宝宝，你不觉得现在自己也是吗？你明明排斥那些过多机械化的东西，讨厌因为它们自己都没时间弹琴，打球，做自己喜欢的。却被一种无形的压力逼得不断向前冲。高中三年，是长跑，是5000米，你现在才跑了1000米，却就要拿百米冲刺的速度去跑，对吗？对吗？

那天开班会，你说，现行的教育体制下只有努力学习。但是努力不是这样子的，你现在所有的忙，都是情绪化不理智的。看到同宿舍的伙伴每天早晨6:00起背书，晚上啃题到11、12点，看到班主任为现状发急，自己就失去了方向。跟在"羊群"后恐惧地奔跑，慌不择路，多不冷静啊！每天下午5:30放学，不想说这样做的对错，只是，在这样状况无法改变的时候，还是希望能坚持自己。

学校网站公布了高三50多位预录取的名额，很优秀，知道你也想那样，想上浙大，让自己的青春尽可能地精彩。但是你知道吗，这些学长学姐，高一时未必就是年级TOP10，也不会总让自己生病，水果都保证不了。就像之前说的，高中三年是长跑，是一点点积累的过程。爸爸说的那句话，作业可以少做甚至不做，但要做就做好！你认为很有道理，却总是做不到，是惧怕外界的压力，还是对自己没有自信？学习，是为自己，只要对自己负责，这最重要！

"孩子，不希望再看到你熬夜到11点，不希望再看到你水果都吃不了。现在你所有要做的，便是坚持自己。只要那是对的，就坚定地去做，无所畏惧。"爸爸常会强调这样的观点。

是的，坚持自己，无所畏惧。

满溪柳（高一第二学期）

放弃物理竞赛，提升综合素质

上周末你回家说，你入选学校物理竞赛班了，一周辅导一次，一小时，持续一个月时间。

物理竞赛是有点诱惑的。不过，我们还是从实际出发为好，知彼知己，百战不殆。你尽力学习物理的话，能获得区级二等奖应算是幸运了，但二等奖能给我们带来什么？没有什么高考自主招生的优势，基本上没有加分的希望。其实，你获三等奖甚至拿不到奖可能性也很大的。

希望你退一步，放弃物理竞赛，珍惜我们已有的优势，弹好琵琶，尽力争取高考加分。同时，适当放松，提升身体素质，也是高一年级必需的。

抓大放小，集中精力，做好有把握的事情。切莫同时要抓两只兔子，结果一只兔子都没有抓到。学会放弃，方有更好的收获！所谓有所为有所不为，学会选择，做一个智慧的人！

生活也要巧设计

今天上午突然想到，你在学校住宿，几个月下来，感冒次数较多。我想与你的生活习惯和生活方式密切相关。

老子说，天下大事必作于细。我们还是从细节抓起解决你的感冒问题。例如，洗头发的事情，尽量一次放在家里，一次放在学校，避免两次都放在学校的情况。中间要间隔两天以上，如周日在家洗好头发，那么最好周三在校洗头发。在家里洗头发，条件总是好一点，时间也宽松一些，家人可以给予适当提醒和帮助。周五可以回到家洗一次，周日在家洗一次，确保在校洗一次。

另外，洗头发时，不要受凉，洗后及时用电吹风吹干，特别是冬天包括春秋天不热的时候，吹干头发后方可以做其他事情。注意临睡前最好不要洗头发，洗头发会影响睡眠质量的。

大家都上人人网，我是每天弹琴忙

上周末你明确表态：以后不再上人人网！希望你能兑现承诺，拿出实际行动，不上人人网！

人人网，顾名思义，每一个人都可以上网注册，建立自己的空间，说说自己的故事。你上人人网，看看张三，瞧瞧王五，满足一下好奇心而已。今天你有什么好吃的，明天她有什么花衣服，或者谁和谁谈恋爱啦，不外乎这些内容，肤浅而庸俗。在网上飘了半小时没什么收获，没收获就是浪费时间，甚至有的内容误导你，那就是有害了。

花一些时间研究你校高三那些优秀学生,听听他们的真心话,学习他们科学的方法,学习他们良好的生活习惯和学习习惯。这才是非常有意义的事情。首先,对自己有很大帮助,看看这些优秀学生哪些表现和想法是值得自己学习的。其次,对其他同学甚至老师都是有益的。调查研究的内容,可以包括女同学多长时间洗一次头发。在此基础上,我想还可以再找两位同学,分别研究南汇中学和建平中学优秀学生的特点,然后再比较分析三所学校的异同。

人人网,人人都能做的事一定是平凡的。优秀者要做别人做不了的事情。你可以多一点时间弹琵琶,未来就不会是"功亏一篑",而是马到成功! 人人网,了解同龄人,三教九流的真真假假的,意义不大。花一些时间,详细研究最优秀学长学姐,一定会有更大的收获。

注:寻找身边的学习榜样。

关于英语听力考试

上周五到校接你,在回家路上你说英语考试,听力部分刚开始不知所云,感觉很陌生,没有进入状态。其实这说明较长时间你早把"听力"遗忘了。

没有平时的积累,哪会有考试的成功?考试前几天的周末在家,我要求你听听"罗马",听一听看一看那很好的一本"古罗马"的资料,虽然我给你做好了准备工作,找网站注册下载,就等你按一下鼠标,可是你忙着上人人网,就是不按"那个鼠标"。

说明你学习意识不强,没有接受这新的学习方式,同时也说明你的学习主动性不高,习惯于接受老师的作业,老师没有布置的作业你不重视。

只要你学英语,听说读写都是必需的,一个都不能少。

希望"罗马"这本书,你能学习三到五遍,当然以听为主,读一读看一看。学则学透,切实掌握。

小贴士

《文汇报》发表了黄志涛老师撰写的《英语如何学》。

文中详细阐述英语阅读方法,其中黄老师不赞成到补习班补课。黄老师在文章中强调:围绕阅读这个中心,兼顾词汇的记忆,词组的搭配,好句的收集,英汉互译,材料作文等方面,是个综合性的训练方法。

后记

亲子同读《文汇报》,收获丰富。给孩子一个色彩缤纷的世界,孩子就会有生活的热情,孩子就会有学习的热情。书画艺术是美的熏陶,学名人的励志故事,学习了优秀学生的学习方法。亲子一起讨论,创造了融洽美好的亲子关系。建议家长朋友,和孩子一起看一份合适的报纸,和孩子同读一本书,和孩子一起成长。

我对满溪柳作文和英语学习的指导

在满溪柳小学时,我就和她谈如何写作文,初中、高中阶段,亲子也一直会谈作文。现在很多学生写作文不写提纲,这是不好的现象,我会强调写提纲。孩子高二时,在我两次督促下,完成了一篇作文,后来发表在2013年12月《文汇报》上。

满溪柳在初中八年级时,一次英语考试,全校100多名。平常都是三十多名,这次下降很多。我当时没有批评她,而是给她鼓励。我和她一起讨论英语学习方法。我给孩子买了有关初中英语学习资料,书籍光盘,注重挑选有趣的活泼的。满溪柳会根据资料,听—读—背,这样的方法学习英语。就这样,水到渠成,到九年级时,孩子的英语成绩已经很好了,中考也取得了高分。

读高中时,我买了一本大学者季羡林的散文集,英汉双语版。其中有一篇关于成功的散文,我要求孩子仔细读英语版,读三遍读五遍,慢一点,深入细致学习,学习单词学习句子学习文章观点。

我鼓励她背诵"新概念英语",不求多不求快,慢慢背,一篇一篇背诵下来。我不赞成高中时,专门花大量时间背诵英语单词。

当然,这样学习,英语语法可能要差一点,没关系,坚持,最后高考英语取得了高分。满溪柳在高中时英语学习,也曾经关注词汇量的问题,也尝试过背单词,最后是放弃了。

在大学里,孩子说,她的词汇量也不够多,不适合考托福。她选择了雅思考试,取得了7.5分的好成绩。

小贴士

培养孩子的终身学习力——六条黄金学习法则

如何善于学习,擅长掌握和记住知识,取得好成绩?斯坦福大学教育学院院长丹尼尔施瓦茨提出了6种科学学习方法,并用具体案例分享学习中的实用技巧,帮助孩子们不再因为方法问题在学习中碰壁。

(一)归纳类比

归纳类比:指的是探寻各种事物之间内在相似性的学习方法。

帮助孩子理解内在的规律原理。

帮助孩子通过已知内容来理解新概念。类比是一种极为强大的学习方法,因为它可以帮助人们学到"换汤不换药"中的"药"。孩子在学习中常遇到的例子,"电流就像充满于水管中的水",是用一个熟悉的例子来解释一个相对抽象的新概念。

所以说,类比可以让孩子在新的问题情境中合理运用原理。这也是教育的最高目标之一,让学生把在校内习得的知识技能,应用于真实场景中,做到学以致用。

（二）精修勤练——有针对性

精修勤练:是针对某个具体的技能,或是概念进行专注而努力的练习,从而超越自身的现有水平。

这种方式能让执行变得更快、更准、更稳定,效率更高,是孩子看到学习中的新路径。举个例子:一位篮球运动员练习100个罚球。每次投球,她都将注意力集中在她的平衡性和膝盖的弯曲上,力求实现最好的技术动作。能解决什么样的学习问题?

学习者进入瓶颈期,原地踏步。简单地重复做题,但并没有算得更快更准确。练习了好几个小时,既没形成更深的理解,水平也没提高。一位学生虽然做了很多道题,但只是机械式地算和写,并没有集中注意力思考。

使用的范例:要以目标为导向,集中练习某项特定的技能。

突破现有水平。对一位吉他手来说,练习一首曲子中感觉最别扭的部分而不是弹得最顺的部分。

（三）自我生成——线索

自我生成:是指利用一部分线索作为提示,来生成目标记忆。

练习回忆的过程可以提高记忆强度,以后再次回忆变得更加容易。同时将记忆练习分散到数天内,要比集中进行更有助于提高记忆强度。

缺乏这个技能对孩子学习的影响很大。比如,他们总记不住一些零散的知识,要给出多种不同提示后,才想起词语的含义;或者无法形成对知识的长期记忆,在周测中表现很好,但到期末考试的时候就全忘了。那怎么把自我生成运用到孩子的学习上?以背单词为例,可以从两个方向进行学习:

提供单词,记住含义;

提供含义,记住单词。

根据线索来记忆,会比试图直接记住所有内容有效得多。

（四）想象玩耍——角色扮演

让人们在想象时，按照不同行为规范去扮演不同的角色。

使用范例：按照不同行为规范扮演不同角色——让孩子在扮演医生时，认真去模仿医生的样子，而不是模仿病患的样子。通过成年人来鼓励孩子的想象力——在和孩子读故事的时候，老师提出"假如……，则会……"的问题。

（五）可视化——图表

可视化：将信息的结构关系用视觉的方式表达出来，可以帮助我们整理信息与想法。具体形式包括地图、图表、草图、树状图、矩阵表等。

举个例子：20世纪初，哈里·贝克为伦敦地铁线路设计了一套视觉方案，虽然牺牲了精确具体的地理信息，但却为乘客提供了更方便乘车的相关信息。从此启发了现代地铁线路图的设计方法，当今几乎每座城市的地铁系统都采纳了这套方法。

为信息赋予空间上的组织结构，能够帮助视觉系统发现规律。视觉系统的特性会支持人们发现信息间的结构关系、形成新颖的解读方式，并且提高搜寻信息的效果。

能解决什么样的学习问题？

孩子的想法太过模糊(可视化可以让其更精确)，一名学生说，"地震的发生是因为大地相互碰撞。"(应该是地球板块在不断挤压时所形成的巨大能量在短时间内释放出来)

将复杂情况绘制成示意图，从而追踪所有可能的因素——在绘制雾霾的成因时，可以尝试利用几种不同的可视化表达方式。

（六）科学作息——顿悟

自我生成：睡眠能够帮助人们把短期记忆固化为长期记忆，并将学习内容与自身知识融为一体。

举个例子：选择午后打盹儿或是保持规律的睡眠作息，可以促进对白天学到内容的记忆，还能帮助人们从自身的经历中发现规律。睡眠就像个人版的赛后总结。睡眠过程中大脑沉静下来，进入自我审视的模式，不再接受新信息和新挑战。一天的记忆被重新激活，一遍又一遍地快进播放，与长期记忆中储存的知识逐渐形成关联。这会减少遗忘的发生，并且显露出不同想法之间暗藏的关系。

能解决什么样的学习问题？

使用范例：打盹儿15分钟，迅速激活大脑。打盹儿60—90分钟，以此来获得记忆带来更多的福利。

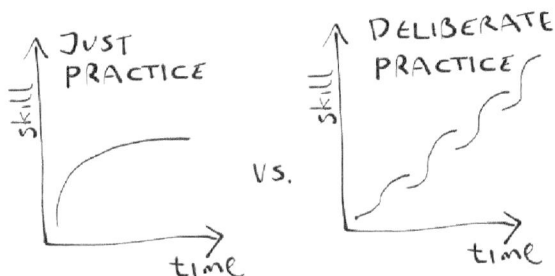

选文科选理科？

上周末因为你选文科理科问题，特别是选物理还是化学，全家人都很纠结。其实，这方面你班主任情况可能更熟悉一些，要分析全上海的情况。通过你王辉叔叔介绍，我对高考相关情况就很清楚了。最后，我明确支持你选物理。

后记

高考后知道选物理是错误的，高考成绩物理分数最低。一般情况下，可选物理也可选化学的，优先选化学，物理难度较大。一般文科理科比较均衡的，特别是女孩子，最好选文科。

弹琴

周二上网查了几所上海名校招生简章，同济和财大都有民乐特长优先录取政策；上海交大也有民乐项目，但难度要大一些；华东师大也有民乐招生。

周末你回来说,班会课上发言,效果不太好。你说虽然事先准备了想好了,但没有写下来,紧张时就忘了。昨天,你打电话说琵琶比赛,向同学介绍所演奏曲子的背景知识,时间长了一些。

我认为事先写下来会更好,写好发言稿,你会更有信心更踏实,当然能收到更好的效果。

谈幸福

近几日《文汇报》发表署名文章,谈"中国人的幸福观",作者是复旦大学中文系教授汪涌豪。

作者强调:有鉴于有些危机不源于经济而在人心,不在于贫穷而在贪婪,因此,应重新定义发展和幸福。中国人的幸福观告诉人们,幸福是一种自成目的的自我满足,不靠任何外物唤起,它的最高境界就来自个体身心的和谐。

苏格拉底:善即幸福。伊壁鸠鲁:肉体无痛苦与灵魂无纷扰。

儒家重现世幸福,道家重生命意义。《左传》讲"有德则乐,乐则能久"。朱熹《语类》讲"胸中泰然,岂有不乐"。道家由儒家关注人在社会秩序中的地位,转向追求人在自然秩序中的诗意存在。道教"尊天重地贵人",国学大师陈寅恪称道教"近于常识之宗教"。

古籍《妙香室丛话》讲:有功夫读书,有力量济人,有学问著述,谓之福;无是非到耳,无荆棘在手,无冰炭存心,也是福。

西方有时也讲,只有国家好,个人才会好,但相对而言,中国人更愿意在群体认同中享受个人幸福。

当今,西方学者布鲁尼、皮尔泽所著述的《经济学与幸福》《幸福革命》都说明,幸福不等同于收入,它们之间既非正关系也非负关系,而是没关系。

老子和孔子对于简朴、适度和谦卑思想的理解与智慧,是当今世人在追求幸福的道路上要好好学习的。

过量饮用金银花导致感冒

周日晚你提前到校，因宿舍缺少饮用水，你就把金银花口服液当水喝了，第二天早晨感冒了。本来你可以离开宿舍到外边买水的，一时偷懒，以金银花口服液代替水，较大量地饮用，所以第二天感冒了。

庄子言：万物有成理而不说。自己要学会思考，理智处理，不可随意妄为，违反科学规律必然付出代价。希望引以为戒，不再犯类似的错误。

生活如百科全书，需要慢慢积累长期学习，别人的经验教训是宝贵的，家长的意见就更为重要了。可以说，从现在开始，十年之内，你是非常需要家长指导和无微不至关心的，这样你才能身体更健康，成长更顺利。细微之处有大学问，靠自己摸索要走弯路的。当然，可以预见可控的挫折，我会鼓励你勇敢面对，在挫折中学习成长。

满溪柳自我介绍（我代为撰写）——志愿者选拔演讲稿

各位老师：

大家好！我姓满，叫满溪柳。常会有人说第一次听说满这个姓氏，但这是比较古老的姓氏。

我的父母亲都是教师。父亲是平凡而又勤奋好学的人，他培养我的方式与众不同。他希望我能全面发展健康成长，这与绝大多数家长看重分数名次有很大差别。我很庆幸有这样的父亲。

我在学校学习生活紧张而快乐。除常规的文化课学习之外，作为学生干部，我每周都会有工作安排，我热情投入，组织管理能力得到了锻炼和提高。每天晚饭前，我都会坚持练习琵琶，弹奏一小时。琵琶已伴我七年时光，当然我会坚持弹下去。这是一种学习，也是一种休息，激发我学习灵感。虽然近年来，民乐比赛中我获得了一些荣誉，其实我更享受每天弹琴时光。另外，每周坚持打乒乓球，锻炼身体，在学校乒乓球比赛中，我班赢得了团体赛冠军，这其中有我一份贡献和一份汗水。

许多同学说我多才多艺，文化课成绩也很优秀，认为我很聪明。其实，在我看来，勤奋更重要，学习效率更重要。

这次夏令营活动选拔,如果顺利入选,我一定珍惜这难得的机会,与老师同学一起分享友谊分享夏令营的美好时光。谢谢大家!

一般情况下,我的意见仅供你参考

前两天,你参加学生会竞选,你拟定的口号是:给我一个机会,我能活力整个洋中!我不赞同你的口号,但不勉强你接受我的观点。我拟定的口号供你参考:密切合作,共同成长!

将来,你的观点和行为,我会有赞同有支持,也会有不赞同但尊重你的选择,极个别的可能会有极力反对的。极个别情况下,比较重大事项,容不得失败,是要万无一失的,你必须听从老爸的安排,否则,可能会造成难以挽回的损失。

学会学习。学习内容和方式本来是丰富多彩的,例如关于"中国馆"的学习。家里本来就有那简短的宣传单,认真对待,既学习了英语又掌握了重要知识。

中国馆的设计理念为"东方之冠,鼎盛中华,天下粮仓,富庶百姓",该建筑融合了东方传统文化思想所蕴含的和谐观和现代绿色环保科技。

中国馆建筑以斗拱为架构,以冠帽、鼎和米斗等为造型元素,以九宫格为屋顶设计,以中国红为色调,极富中国韵味。

园林区:象由心生,诗意栖居。这是寻觅之旅的主要区域,古典园林淡雅简朴,精巧静立;透过云层缝隙,未来园林城市美景尽收眼底,展现古人与今人对诗意栖居的追求。

孩子,认真学学中国馆的介绍,学学那优美语言,同时也学到了英语。

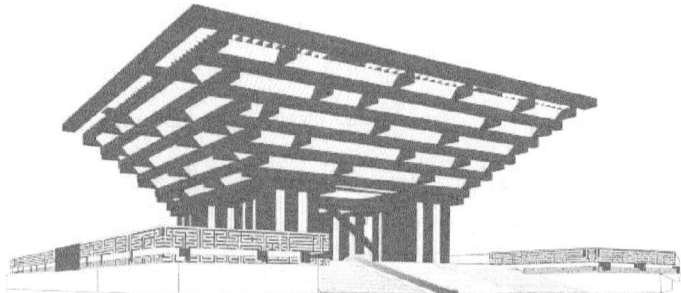

祝贺满溪柳夏令营入选,祝贺当选校学生会主席

夏令营入选确实很不容易。来自全上海市70多位竞选者,最后入选者只有20多人,而竞选者基本上是优秀学生,这是优中选优啊。

当选学生会主席,也是相当不容易,可喜可贺!

夏令营竞选回来,你说小组活动大家要扮演不同角色,结果都急于表现自己,几个人争抢一个角色,一时小组活动无法安排。后来,你主动和大家商量,发挥了协调作用,接下来大家终于形成了一致的方案,在活动方案中你扮演了一个配角。这很重要,我当时就感觉此处是亮点。主角配角什么角色不重要,重要的是你要演好这一角色。一般地说,主角更引人注意,同时对主角的要求也是高的。主角表现得好,熠熠生辉,表现得不好,反而暴露了自身不足。这是一把双刃剑。配角又何妨,配角照样可以表现出你的优势。

电影电视剧评选,有的演员被评为最佳配角,但同一部电影的主角未必获奖。

支持孩子做学生干部

满溪柳读高一时,我和她商量过,高一争取做班干,锻炼锻炼,她积极响应的。在暑假未开学时间,我就主动给班主任张炜老师联系,表达了希望孩子做班干的想法,希望张老师给孩子一个表现机会。张老师根据满溪柳的档案资料,也认为她综合素质好,于是安排她做了班团支部书记。由于满溪柳自己积极争取和优秀表现,在高一时通过竞选进入了学生会。

高二时,学校团委书记姚晶老师安排满溪柳做了校学生会主席。这是我和孩子都没有想到的,我们从来没有这么高的期望。虽然,孩子学习成绩好,会琵琶演奏,打乒乓球也为班级赢得了荣誉,同时孩子还是班里团支部书记。感谢姚晶老师对满溪柳的赏识和支持。校学生会主席这一角色对学生是很好的锻炼。培养了学生克服困难、勇于面对挑战的能力,培

养了学生合作组织和协调能力,培养了责任意识和敢于担当的使命感。

我作为家长既要鼓励她做好学生会主席工作,也要让她学会平衡功课学习和学生干部工作之间的关系,以防喧宾夺主,造成对学习的不利影响。

高中时期,任职学生会主席这一经历,为她大学竞选班长,做好班长工作打下了良好基础。大学一年级时,通过竞选,满溪柳做学生会学术部工作。一年时间,在学术部的工作做得有声有色,但是大二时,由于学习任务繁忙,满溪柳退出了学生会,担任班长职务,同时任学院班长联谊会会长。

孩子高中大学时间一直做学生干部,锻炼了能力,扩大了视野,提高了综合素质。做学生干部经历帮助她顺利通过了研究生面试。

关于学习和考试

(1)近一段时间,你上网时间较多,望你下决心减少上网时间。有难度,但想成为优秀学生就要战胜困难。

(2)前几天给你详细谈了用手机发短信的好处。也就是,许多时候,不要直接一个电话打过去。其实很多事情背后都有微妙之处,关注细节,你会更有收获。当然,这需要不断学习和亲身体验。

(3)前几天期末考试,历史考试时,你已经注意到书写工整问题,但政治考试时没有注意。我希望你平时每周都有练字的时间,每天写几分钟也是好的,如认真地写一条两条格言之类。望暑假好好地练练字。政治考试,听你说的情况,可以判断你复习并不充分。学习方法上还要进一步研究。

(4)考物理时,你说个别地方粗心大意了。严格地说来,草稿纸利用也是考试的一部分,许多时候会在分数上反映出来。靠前也可以找出来哪些地方容易出错,容易粗心大意,针对问题找到适当的方法。当然,考试也是一种学习,通过考试学习考试技巧,发现存在的问题,以便后来补差补缺。

近一段时间（老爸）在读"曾国藩"，很有收获

《曾国藩的正面与侧面》，张宏杰撰写。作者为研究曾国藩，很是下了一番功夫，先后到厦门大学到曾氏故居拜访多位名家。作者推崇刘忆江的《曾国藩评传》，以后要读读。

曾国藩，被誉为封建社会最后一位圣人，是毛泽东、蒋介石极度推崇的伟人。内圣外王，可敬可叹。

书中有提纲，在此简要列出：

曾国藩一生的五次耻辱；

曾（国藩）左（宗棠）一生恩怨考；

发誓不靠升官发财；

诸将皆富，大帅独贫；

曾国藩与潜规则；

曾国藩的笨拙与精明。

跨经度最多的洋是哪一个？ ——关于思维训练

昨天，在你小房间测试你两个地理问题。

第一个，跨经度最多的海洋是哪一个？

你很快给出了错误答案，太平洋。

正确答案，北冰洋，并且给你讲解分析了，甚至在地球仪上帮你指出了。为了考察你有没有真正理解这一地理问题，考察你掌握情况，学习能力，我随后提出了第二个问题：

跨经度最多的大洲是哪一个？

没有想到的是，你又一次很快给出了答案，一个错误答案，亚洲。

希望你高度重视这次的教训。

这两个问题不是简单地测你的地理知识，重

要的是测你的学习能力和思维方法、思维能力,测你的反省能力。

第一问题没有答对,是可以原谅的,很正常。拿到第二个问题时,你第一步应该想,有哪几个大洲,第二步是比较各大洲所跨的经度,当然你可以借助地图地球仪,唾手可得,书桌上就有。第三步才可以有判断,判断哪一个大洲符合题目要求。另外,拿到题目后,要仔细审题,问题是跨经度最多,而不是面积大小。这样就会找出正确答案,跨经度最多的大洲是——南极洲。上述小故事,希望认真反思,学会思维方法,学会反思。

后记

一节好课,包括历史地理或政治课,高水平的老师会精心设计问题,问题中体现较好的思维含量,对学生思维能力是很好的训练,同时提高学生的学习能力。

是独自弹琴还是参与其他同学打牌欢笑?

前几天,你回家说,在学校宿舍弹琴,其他同学打牌说笑,你无法安心。

老子说,胜人者易,胜己者难。

你有你的欢笑有你的幸福,当然也要接受挑战,抵制诱惑,最后众人才能送给你掌声和欢呼。他人有很多烦恼,也会有闲适和欢笑。你羡慕她们,不能坚守自己,你慢慢地就会变成她们,平凡而庸俗。其实她们发自内心深处地羡慕你,但她们没有你的学习条件,家长是否支持,有的学习项目是有最佳学习时间的。

高中三年每周打牌嬉闹,三年后就是悔恨的泪水。

孩子,走好自己的路!幸福人生是辛勤汗水浇灌出来的!

地理会考、计算机会考的故事

地理会考,你自己感觉考得不满意。

原因是地理试卷设计太难太深,另外,你自己的学习还是有欠缺的。最后几天的复习,仍然可以把书本看透看仔细一点。不管日常学习还是应付考试,不是表面简单地背几句话就可以的。两个小时,把一本书翻了一遍,好像什么都学习了,其实什么收获都没有。

第二节　高二年级

这个夏天,我们收获了海外友谊!

2011年7月20日至8月2日,上海国际友好城市青少年夏令营成功举办。夏令营由市教委主办,上海教育国际交流协会、华东师大二附中承办。经过选拔考试,我很荣幸地参加了夏令营。来自澳大利亚昆士兰州等12个上海国际友好城市的82名师生,与上海高中生31名志愿者一起参加活动。

今年这个暑假对于我却显得格外不同。这个夏天,通过参与"上海国际友好城市夏令营"活动,结交了许多志趣相投的朋友,收获了特别的友谊,扩大了视野,更让自己心智成熟不少。

14天的夏令营时间里,我带澳大利亚队,体验了东方绿舟的团队龙舟赛,感受了周庄水韵、大观园红楼遗梦,上文化课时协助大家更好地了解中国汉字、了解茶文化以及国画的魅力。而在上海博物馆、科技馆、东方明珠电视塔……也处处留下了我们的欢笑。

14天的相处,彼此难忘的还有7月31的Homestay、Buyeong、Trisha、Mikaeli、Vivian一起来到家里,学包饺子——哈哈,虽然有些蹩脚,但大家都说很快乐!

一起放风筝;一起讨价还价;一起学国画,尽管脸上都抹上了墨汁;一起听队里的Luke弹《土耳其进行曲》;一起快乐地参加舞会、合影;一起聊学校生活、聊暑假;一起为世游赛的孙杨和澳大利亚队加油……我们之间有了太多的难忘……难忘我们之间深厚的友谊!

除了和所带的澳大利亚队接触很多,对其他国家的队员也有了不少了解。"Bajour",这是浪漫的法国人打招呼的方式;墨西哥人唯一会说的一句中文,我至今都没搞懂他在说什么;德国的孩子很调皮,喜欢在门上涂鸦,却很聪明;南非队,我喜欢你们灿烂甜美的笑!而日本队,在这之前一直都不太喜欢日本人,然而通过这次活动,第一次接触了日本女孩,改变了我的印象。和Ayane聊得很投机,觉得彼此真的是志趣相投。许多个晚上,在房间里我们快乐地交谈,我也为大家弹奏了一曲《高山流水》。

分别那天,营员们恋恋不舍,紧紧相拥……

感谢这次夏令营活动,让我亲身感受了世界各地的风土人情,和海外中学生缔结了深厚的友谊。

这个暑假,因夏令营而精彩、而难忘!

"怪味"英文单词:

1.American beauty　　2.Dutch act　　3. Take French leave

4.a Greek gift　　5.Spanish-athlete

上述单词都有特殊的含义,不可望文生义,凭主观臆断是要闹笑话的。

满溪柳(高二)

"为虎作伥"是个拦路虎

前几天,暑假里,一家三口闲聊。聊到"为虎作伥",我们三个人都没有把握把音读准。于是,我翻开《现代汉语词典》,查个究竟,当时也告诉了你,"伥"音念"chāng",你说知道了。

可是,第二天,我特地问你"为虎作伥",如何念?

你真的被考住了，刚教你的，你还是忘了，没有掌握。其实，你在第一时间就没有认真对待，没有真正掌握，当然，后来自然会暴露出来。

学习，不可含糊其词，不可似是而非，而应该在第一时间认真对待，切实掌握，然后在接下来的时间及时地巩固，如此，方能取得良好的学习效果。

按计划做事，不随意而为

昨天周五晚从学校回到家里，你心里还是惦记着学校的许多事情，吃了晚饭后，上网聊天，打电话发短信，忙得不可开交。早把周五晚学琴的事抛在了脑后。

既然学琴，见老师之前，应该有充足的准备，要把原学东西练得好一些，而周四因故又漏掉了一次练琴时间，这样周五就更应该多练一些时间。并且，晚饭后，所做一些琐碎事情无足轻重，完全可以放在第二天甚至第三天处理。一些琐碎事情完全可以利用零碎时间处理，不必安排一整段时间。

古人说，凡事预则立，不预则废。意思是说计划很重要。做事或学习，要想取得良好效果，制订计划并按计划办事确实很重要。有条不紊，有计划有步骤就会很顺利，不紊乱。

你可以有大计划，一学期的学习计划，甚至一学年的计划，同时要有一周或两周小的学习计划，最好还可以计划安排一下一天或两天的学习或要处理的事务，轻重缓急，有序进行。

计划、学习或做事，是一个人重要的素质，望你高度重视，切实落实。

老爸的同学，杨光富，不但顺利拿到了博士学位，找到了一份好工作，而且个人小事处理得也非常好，一边学习一边打工挣钱，另外结婚生子样样没有耽搁。我想，他计划做得好，落实得好。

知情意行

近两天在想，周记要不要坚持写下去。因为早给你强调再三的事情，你还是没有落实好。

前几天，你把"国旗下讲话草稿"带回家。听了你说的前后写作过程，虽然你没有明说，我就已经知道你没有做到"写作文要先写提纲"，当然，没有先写提纲，看你的草稿也是看得出来的。该做的事情，是省不得的。没有先写提纲的作文，容易形成条理不清晰的局面，文章结构自然也会有问题的。

关于写作文，前几天已经给你详细谈了，望你切实做到先写提纲，再写作文，即使时间紧张，甚至高考作文都要审题，先写提纲。

做一件事，往往是知情意行几个环节缺一不可的。

第一层次是知道做什么；

第二层次是投入感情地做，即要有兴趣地做；

第三层次要坚定不移，不能三分钟热度，意志坚强抵制诱惑；

最后切实地把事情做好，把事情做到位。

丹桂飘香

又是一年桂花香，今年方知丹桂艳。

今年住在艺泰安邦小区，桂树很多，香气袭人，而且小区内有许多株桂树，花橘红色，很深，特别醒目，以前没看到过。问了周围几个人，他们也说不清金桂丹桂啥区别。上网查资料，详细查了金桂、丹桂相关知识，并且知道了"折桂"的来历。

"折桂"，摘得桂冠，其根源是古代八股考试，秋天放榜，考得好成绩高中榜首，恰好桂花香得醉人，喜形于色，兴高采烈，折一枝桂花更显得意。

我们老家，地处淮北平原，暖温带气候，印象中是没有桂花香的。查资料方知，桂树是亚热带树种，喜湿润温暖气候。广西桂林市，桂花如林似海，于是名曰"桂林"。淮北种植桂花树，必在冬季将其置放温暖处。

谈周末学习安排计划

今天下午返校时间就要到了，下午五点，虽然你早就知道这样的安排，还是忙乱不堪。时间临近，已不宜安排弹琴，你还是弹了几分钟，走过场一般。很没有必要。

回想以前，你有很多次，周日甚至周六忘记了弹琴，周五学琴的效果无法得到及时巩固。之所以忘记，第一是不够重视；第二是没有认真安排作息秩序，即没有合理切实的计划。

以前说过"计划"的问题，但这一问题没有落实好，望你高度重视，切实做好计划，合理安排好自己的学习和锻炼娱乐（休闲）。

以下给你一个计划样本，望你参考。

周五	16:30	到家，自由活动30分钟
	17:00 ~ 18:00	写作业
	18:00 ~ 19:10	吃饭、休闲
	19:10 ~ 20:10	弹琴
	20:10 ~ 21:50	学琴
	22:30	睡眠
周六	7:30 ~ 8:30	起床，吃早饭
	8:30 ~ 9:30	写作业
	9:30 ~ 9:50	休闲
	9:50 ~ 11:30	写作业
	11:30 ~ 13:50	吃午饭、午睡、休闲
	13:50 ~ 14:30	写作业
	14:30 ~ 15:00	休闲，散步（室外）
	15:00 ~ 17:00	学习，写作业

	17:00～18:10	弹琴
	18:10～19:30	吃饭、看电视、散步
	19:30～21:00	写作业
	21:15～21:50	学习,写作业
	22:30	睡眠
周日	上午同周六安排	
	13:50～15:30	弹琴
	15:30～15:45	休闲
	15:45～16:50	写作业
	17:00	返校

小贴士

人体生物钟

许多学者的研究指出,按照人的心理、智力和体力活动的生物节律,来安排一天、一周、一月、一年的作息制度,能提高工作效率和学习成绩,减轻疲劳,预防疾病防止意外事故的发生(所谓智力生物节律,就是人一天中有时记忆力好,有时则差,有一定的规律,如有的人早上5—9时记忆力好,而另一些人则是晚上记忆力好等)。反之假如突然不按体内的生物钟的节律安排作息,人就会在身体上感到疲劳、在精神上感到不舒适。

人体一天中的各种生理波动如下:

1点钟:处于深夜,大多数人已经睡了3~5小时,由入睡期—浅睡期—中等程度睡眠期--深睡期,此时进入有梦睡眠期。此时易醒/有梦,对痛特别敏感,有些疾病此时易加剧。

2点钟:肝脏仍继续工作,利用这段人体安静的时间,加紧产生人体所需要的各种物质,并把一些有害物质清除体外。此时人体大部分器官工作节律均放慢或停止工作,处于休整状态。

3点钟:全身休息,肌肉完全放松,此时血压低,脉搏和呼吸次数少。

4点钟:血压更低,脑部的供血量最少,肌肉处于最微弱的循环状态,呼吸仍然很弱,此时人容易死亡。此时全身器官节律仍放慢,但听力很敏锐易被微小的动静所惊醒。

5点钟:肾脏分泌少,人体已经历了3~4个"睡眠周期"(无梦睡眠与有梦睡眠构成睡眠周期),此时觉醒起床,很快就能进入精神饱满状态。

6点钟:血压升高,心跳加快,体温上升,肾上腺皮质激素分泌开始增加,此时机体已经苏醒,想睡也睡不安稳了,此时为第一次最佳记忆时期。

7点钟:肾上腺皮质激素的分泌进入高潮,体温上升,血液加速流动,免疫功能加强。

8点钟:机体休息完毕而进入兴奋状态,肝脏已将身体内的毒素全部排尽。大脑记忆力强,为第二次最佳记忆时期。

9点钟:神经兴奋性提高,记忆仍保持最佳状态,疾病感染率降低,对痛觉最不敏感。此时心脏开足马力工作,精力旺盛。

10点钟:积极性上升,热情将持续到午饭时,人体处于第一次最佳状态,苦痛易消。此时为内向性格者创造力最旺盛时刻,任何工作都能胜任,此时虚度实在可惜。

11点钟:心脏照样有节奏地继续工作,并与心理处于积极状态保持一致,人体不易感到疲劳,几乎感觉不到大的工作压力。

12点钟:人体的全部精力都已调动起来。全身总动员,需进餐。此时对酒精仍敏感。午餐时一桌酒席后,下半天的工作会受到重大影响。

13点钟:午饭后,精神困倦,白天第一阶段的兴奋期已过,此时感到有些疲劳,宜适当休息,最好午睡0.5~1小时。

14点钟:精力消退,此时是24小时周期中的第二个低潮阶段,此时反应迟缓。

15点钟:身体重新改善,感觉器官此时尤其敏感,人体重新走入正轨。工作能力逐渐恢复是外向型性格者分析和创造最旺盛的时刻,可持续数小时。

16点钟:血液中糖分增加,但很快又会下降,医生把这一过程称为"饭后糖尿病"。

17点钟：工作效果更高，嗅觉、味觉处于最敏感时期，听觉处于一天中的第二高潮。此时开始锻炼比早晨效果好。

18点钟：体力活动的体力和耐力达一天中最高峰，想多运动的愿望上升。此时痛感重新下降，运动员此时应更加努力训练，可取得好的运动和训练成绩。

19点钟：血压上升，心理稳定性降到最低点，精神最不稳定，容易激动，小事可引起口角。

20点钟：当天的食物、水分都已充分贮备，体重最重。反应异常迅速、敏捷、司机处于最佳状态，不易出事故。

21点钟：记忆力特别好，直到临睡前为一天中最佳的记忆时间（第四次，也是最高效时）。

22点钟：体温开始下降，睡意降临，免疫功能增强，血液内的白细胞增多。呼吸减慢，脉搏和心跳降低，激素分泌水平下降。体内大部分功能趋于低潮。

23点钟：人体准备休息，细胞修复工作开始。

0点钟：身体开始其最繁重的工作，要换已死亡的细胞，建立新的细胞，为下一天作好准备。

注：

当下上海市少数学校，学生午饭后，几乎没有休息时间，十分钟内又是上课，上语数外课。这样安排违背作息基本规律，不利于学生的身心健康，同时降低了学生学习效率。这一现象理论上是清楚的，没有争议，但在少数学校多年来一直存在，校长急功近利不关心学生身心健康，三个月半年成绩也许是上升的，一年三年下来学生成绩不会提高只会下降。校长抱残守缺一意孤行，真是不可思议的事情。

改变自己容易，改变别人难

高二年级，两个强化班也即重点班愚蠢地加课。这样做既没有理论依据，也缺乏实践的可行性。高二时间当高三过，完全是拔苗助长，不讲科学地蛮干。

学校这一做法，非常草率和不负责任。提这一想法，学校应该组织老师详细研究其合理性，应该与相关学校进行对照比较。事实恰恰相反，知名的市重点中学高一、高二年级下午是减少上课，增加学生的自主学习活动时间，洋泾中学完全是反其道而行之；更应该关注学生的感受，学校理应充分尊重和信任高中学生，因为大部分学生知识丰富，会思考。学校领导、老师不应该抛开学生，搞自以为是的那一套。

改变别人难，改变一个群体更难，那么我们只有改变自己。走自己的路，自信而不妥协。优秀的人总是个性鲜明，不走寻常路的。始终躲在群体里，必然是与众人无异。优秀的人选择路线就是不同的，独辟蹊径，结果才是优秀的。

坚持自己，对老师负责

前一段时间，化学老师个性教学以及方言口音，给部分同学很不好的印象。很多同学不适应化学老师的教学，吵闹着要求更换化学老师。

你经过高一年级的成长，对化学老师已完全能够理解和接受，明白了化学老师教学优势。于是，你鼓足勇气，发动其他同学一起支持化学老师，找了班主任老师及相关领导。

是的，你要实事求是，听从内心的声音，敢于说实话，不畏惧反对的声音。最后成功地保住了化学老师，给化学老师应该有的公道。

鼓励孩子发挥正能量勇担责任

孩子读高二时，是学校学生会主席，有很强的责任感，发挥正能量，抵制不良行为。

孩子的化学老师,高一时,是叶老师,上海本地人。高二时,不知什么原因,换成了周老师。周老师,老先生,快退休了。他是化学教学权威,上课认真严谨不乏幽默风趣。但是,周老师是新上海人,普通话说得不好。刚刚上课一周,班里有许多女同学,特别是学习不太积极的,不习惯这样的老师,给班主任反映听不懂。一位热心教育、能力超强的老师,发表过很多化学教学方面论文,仅仅因为普通话不好被学生赶走,很没有面子。对于高中学生,更应该看重老师认真严谨的教学态度和逻辑严密的教学能力,普通话的水平要少一点关注。

我鼓励孩子,和班里几位同学一起,实事求是向班主任老师反映情况,希望把周老师留下来。后来学校没有把周老师调走。一位优秀教师也需要学生的理解和支持。

雪月花时最忆君

1968年,日本作家第一次获得诺贝尔文学奖,获奖者川端康成,其代表作《古都》《雪国》《千纸鹤》。

在颁奖典礼上,川端康成作了题为"我在美丽的日本"的获奖演说。演说词中有这样的话语:日本的茶道也是以"雪月花时最怀友"为它的基本精神的。其中有白居易的"雪月花时最忆君"一句,作者引用时稍作改动,"雪月花时最怀友"。

白居易原诗句是:琴诗酒伴皆抛我,雪月花时最忆君。

在白居易的诗歌中,最受欢迎的不是讽喻诗,而是闲适诗和感伤诗,人们喜爱《长恨歌》《琵琶行》。其实诗人自己最重视的是讽喻诗,讽喻诗的代表作是《新乐府》,其中《卖炭翁》最为著名。

抓住学习的每个机会

前两天,关于"一刹那"如何读法,你只是问了一下,没有查词典查有关资料，没弄清楚，你就放弃了。

我帮你仔细查了一下，方明白，是cha不是sha。

另有一字是"隽"，"隽永"，juan音。

不管学习还是做事，及时处理常是好的。

期中考试后的家长会

期中考试后，你到家说考得不好。

家长会时看到你的分数和名次，感觉还是不错的。

要知道有的试卷你做不好，别人做也会很难，望以后考试多一点自信。现在想强调的还是希望你把字写得工整一些，方块字，花一些时间，磨刀不误砍柴工啊！老爸认为，还是老老实实，夯实基础，不可急功近利操之过急而留下隐患，包括现在可以适当放慢节奏，把字写好。如八百米赛跑，现在还远没有到冲刺的时候。望你把字写得大方一些、工整一些，即使考试名次下降一些也没有关系的。积聚了足够实力，高考就会顺利达到目的。

关于写字的事情，已经给你说了许多次，却没有很好落实。也许你会强调时间太紧。把你上网聊天甚至在人人网所花费的时间拿出来练字如何？也许你会说那是放松，其实练字也是很好的放松，书法本身就是修身养性的好选择，当然练字的内容可以是丰富多彩的。另外，学琵琶弹琴也是你调节学习和生活的好方式。

前几天刚强调要按作息计划安排，周六却忘了弹琴，看来我还是需要更多监督你做好计划。

一段学数学提示

《文汇报》谈数学学习：

2011年11月3日《文汇报》，教育考试栏目

管理学习行为，提高学习效率

（1）学数学不畏难，不怕烦；

（2）睡前、饭后不做数学题；

（3）有意识改变"坏习惯"。

不拖拉；基本参考书，每一本都学一点，这是学习数理化的大忌；看题目看清条件，不遗漏。

感觉是会骗人的

有一个故事，说的是一群大学生，解答教授给的问题。问题：如果一件事的成功率是1%，那么反复尝试100次，至少成功1次的概率大约是多少？备选答案有4个：10%；23%；38%；63%。经过几分钟的热烈讨论，大部分人都选了10%，少数人选了23%，极个别人选了38%，而最高的概率63%却被人冷落，无人问津。

最后，老教授给出了问题的答案。成功率是1%，则失败率是99%，反复尝试100次，那失败率就是99%的100次方，约等于37%，因此，成功率是63%。公布答案，全班哗然，几乎震惊。

这一故事见《读者》2011年第14期。作者认为：自古以来，那些所谓的英雄，只是比普通人有更加锲而不舍、坚持到最后的勇气罢了。作者强调，奇迹在坚持中。

而我除了赞同以上观点之外，还有一个想法。人是感觉动物，一群大学生也不例外，而感觉常会欺骗我们的。

正确选择是要来自严密思考和细致推理方能做到的。

昙花不在我心外

昙花之名，即从佛经所说的"优昙花"等省略而来。佛经中的昙花，可能本来就是佛家设譬，就如《西游记》中三千年一开花三千年一结果的蟠桃树，并不是真的。

后来，源于佛经的"昙花一现"一语，就不但被用来比喻美好事物之难得出现，更用来比喻它存在的时间之短暂了。那么，用仙人掌科的"昙花"

来"坐实"成语中所说的"昙花"，也十分贴切。

昙花向我们解说着佛家要义：生命短暂，美丽无常。

日长夜大

明朝大哲学家王阳明有一故事：

先生游南镇，一友指岩中花树问曰："天下无心外之物，如此花树，在深山中自开自落，于我心亦何相关？"

先生曰："你未看此花树时，此花与汝同归于寂，你来看此花时，自会有别样的心情，便知此花不在你的心外。"

前文引自《文汇报》文章，想说"昙花"之来历；哲学家的故事，想强调他的哲学思想，"天下无心外之物"。

文章也是引用的，想让你知道语句表达的一种方式，不说"昙花在我心里"之类的话，而说"昙花不在我心外"，这里有强调，有典故。

喜欢王阳明的名言："此心光明，亦复何言？"

回文联

雾锁山头山锁雾；天连水尾水连天。

该对联是厦门鼓浪屿上的。

客上天然居，居然天上客；人过大佛寺，寺佛大过人。

上联为乾隆所做，下联为纪晓岚所对，是浙江一大佛寺所用。

回文联，能顺着读也能倒着读，很有趣，很有智慧。

宝马男打死奔驰男

近两天，上海高速路上发生惨剧，宝马男打死了奔驰男。两辆豪车追逐，发生碰擦，进而引发纠纷，大打出手，奔驰男被当场打死，宝马车数人驾车逃逸，几个小时后，被警方抓获。

有评论说，现在社会上常有"强者欺负弱者"，如今，已发展到"强强对抗"。

无所顾忌，无所畏惧，自我膨胀。宝马男一贯傲视市井，踩在百姓头上而高高在上,奔驰男更是"大奔"气派。"大老板"所到之处都是小心伺候的。高速路上演了"龙虎斗",惨的是一个亡命,余者免不了入狱。

宝马带不来幸福,奔驰也追不上快乐!

重要的是要有强大的内心。空虚的心甚至扭曲变态之心,外表伪装得愈强大,毁坏时会更加激烈。大力修炼内功,不断提升人格修养,方能赢得真正幸福和安详,也必将造福于社会。

驾宝马,可以享受速度和力量。车子时速有两百多的潜力,但聪明者不会任性狂飙。做车子的好主人,抓好幸福的方向盘,做一个智慧的人,而不是任性狂飙的傻瓜。

奔驰,一路风驰电掣般地奔驰,闪电是美,温情也是美,学会赏识他人,变换角色,做一个丰富的你!

上善若水,水善利万物而不争!强者,知其弱,方为真正的强!

学习与思考要平衡

在学习过程中有思考,会学得深,学得明白。二者关系密切,学思结合,触类旁通,举一反三。

学习时少一点思考,可能学得轻松一些,在一些方面会走得快一点,节省时间,充分吸收了别人成果。

当然,学习时思考太少,可能是知其然而不知其所以然;或者是表面感觉学了很多,其实质量不高,所学知识很快就遗忘了。

如果学习得少,而思考得过多,可能会走弯路,耽搁时间,甚至钻入牛角尖而背离了大方向。

新学的知识,大多暂时不必深究,步步深入,循序渐进是事物常有的规律,等一等,放一放,水到渠成,不必急于求成。在条件不成熟时,企图总结归纳,时间花费了,未必有好的效果。

当然,学习的不同阶段,思考量的多少应是不同的,思考的方向也是不同的。如开始阶段,思考的方向是记忆方法及易出错的地方了,最后阶段,思考方向则是如何系统化,甚至如何创新等,举一反三。

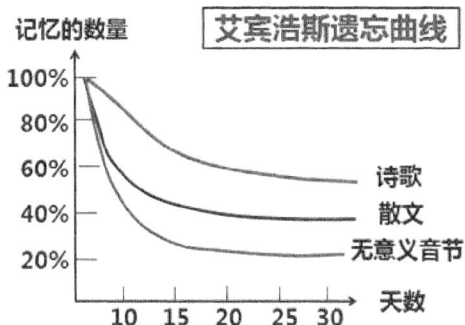

记忆的数量 艾宾浩斯遗忘曲线
100%
80%
60% 诗歌
40% 散文
20% 无意义音节
天数
10 15 20 25 30

小贴士

孔子曰:学而不思则罔,思而不学则殆。

《文汇报》介绍周国平(中国当代哲学家)教育女儿的故事——《宝贝,宝贝》

周国平强调:

给孩子一个良好的教育环境。思考比知道重要;素质是熏陶出来的;分数不重要。

从《富春山居图》说起

近日,在读台湾著名学者蒋勋的书——《美,看不见的竞争力》。最值得赞叹的是蒋勋关于《富春山居图》的演讲,讲得细致入微,讲得绘声绘色,讲得丰富而深刻。

从蒋老师的演讲中,我们得知《富春山居图》艺术成就达到了叹为观止的程度,同时,登峰造极的艺术与画家黄公望曲折而丰富的人生是分不开的。从讲解中,我们还知道这张绝世名画流传的故事极具戏剧性。

孩子,好好地读一读第71—95页吧。你一定收获很大,故事会让你拍案叫绝,会让你思考很多很多,当然蒋老师精彩的讲解也会深深地感染你。

关于写作文

看了上一次的笔记,感觉真的是时光如梭,一晃四十多天,一个半月已过去了。这一段时间偶尔也会想到应该坚持写笔记,只是天气太冷,生活太懒散无节奏而一拖再拖。

孩子,最近在学校整理寒假期间的《文汇报》,为你特意选择了"网球史上最漫长大满贯决赛"报道内容。知道你对这方面非常感兴趣,另外,寒假里你也写过这方面的作文。把《文汇报》的这篇报道给你,希望你认真阅读,看记者是如何写的,并且与自己所写的做个比较。在记者报道中,写得好是上半部分,这场世纪之战终于跑到了马拉松的尽头……用精疲力竭宣告一场伟大战役的诞生。

这样的剪报,我希望你要看一看,划一划,不但知道这件事,而且要知道专家是如何表达的,语言的技巧也值得学习。当然,这样的学习可以安排在零碎的时间,安排在学数理化劳累之时,甚至还可以在草稿纸上写一写,练练字等。今天上午发现你还是没有安排好学习时间,希望你以后重视学习时间、学习内容科学合理地安排。拿不准的可以问我。当然事先有这种意识很重要,这也是做事有计划的一部分。

《文汇报》发表署名文章,《原来如此——齐白石〈蛙声十里出山泉〉创作插曲》,舒乙的文章。叙述了齐白石老人和老舍先生诗求画的故事。

练字帖,从 2012 年 2 月开始,再练字帖!

最近,在街上给你买字帖,你一定要好好再练一次。练字帖之时,又学习了古诗词、古文的名篇,甚至是格言座右铭,一举两得。当然不必单单背诵那些古诗词,而是阅读书写再背诵,把几种学习方式放到一起,肯定效果会很好。古代文人特别是名家,字写得非常漂亮的大有人在,包括苏轼、黄庭坚,当然书圣王羲之《兰亭序》,字是绝品,序文内容也精彩无比。

《文汇报》发表文章:《颜真卿之"拙"》(陈鲁民)

文中所说的拙,当然不是指他的书法。颜体方严正大,朴拙雄浑,大气磅礴。他借米度日,因为"拙于生事",除了俸禄,没有别的生财之道。

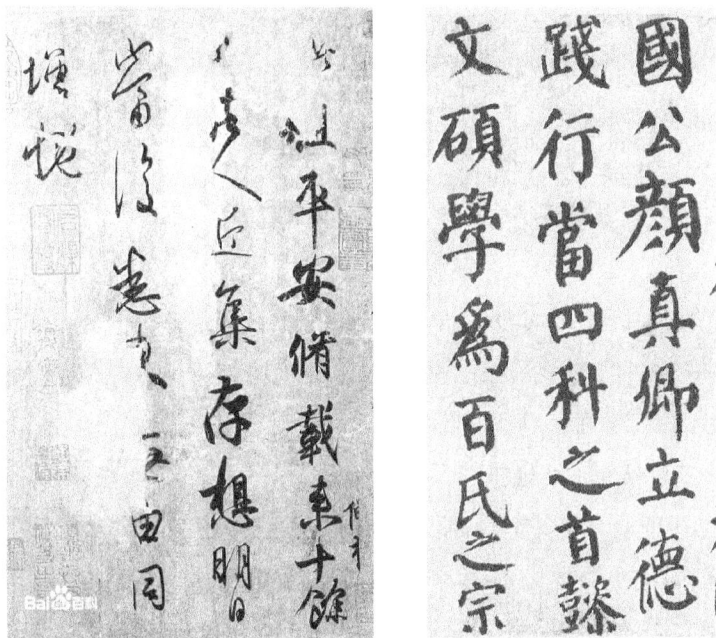

书法界常有字因人贵的说法。做人与写字相得益彰,在颜真卿身上得到了圆满的统一。

寻找琵琶名师

周日上午匆匆忙忙赶到福州路黄浦区青少年活动中心,接受杨敏老师的指导。

溪柳弹了一曲《春雨》，杨老师说琴弹得不错，有激情，指法也很好；对整首曲子理解还不够，要理解其主题，从而把握好节奏和旋律，另外曲子删减的地方不够合理。

溪柳在弹琴前，手指很凉。老爸把柳的小手握在手暖一暖。柳感动得差点眼泪要流出来了。其实，这真的不算什么，花一天两天时间陪孩子是件简单容易的事情，不值一提。很快我们离开了青少年活动中心，走进上海书城，转悠半个多小时。我买了一本《幸福的方法》，阿柳买了一本《蔡康永的说话之道》。

回到家，翻了两本书，一本是哈佛大学的课程，当然是好书，另一本虽是简易读物，却蕴含着深刻的道理，把话说好，要一生的修炼，读此书收益多多。

周日我们讨论了几个冷僻的字，最后一个是"觏"，李觏，宋朝词人。那个字读"够"，四声，其意是遇见的意思。

学习琵琶演奏十多年

满溪柳在幼儿园时没有学过什么乐器，也没有学过什么绘画之类。在小学一年级时，为孩子报了两个培训班。民族舞蹈和儿童绘画，回到家还要练习舞蹈，学了一年两年，两个班都放弃了。

小学三年级时，给她报了一个琵琶班，一对一或一对三的课上了许多年。琵琶演奏学习坚持到了高三，后在大学里是学校民乐团的部长。

满溪柳学习琵琶经历了许多波折。小学三年级才学习，起步较晚。后来又换过许多老师。其中有一对来自某音乐学院老师，学费较高。音乐学院副教授，头衔不错，但金钱看得很重，很多家长说那老师脾气很大的。我难以接受的是，不该以次充好，大赚我们买琴的钱。2007年，说帮我们买琴，收7000多元，说是红木琴。几年后，有专家说，那琴不是红木的，不值钱，当时市价4000元差不多。2009年至2011年跟宰文婷老师学琴，这段时间琴艺进步很大。

2012年春天，春寒料峭，带孩子到黄浦区少年宫见杨老师。要弹琴给新老师听，手指不能太冷，我就握着孩子的手，大手暖小手。这时孩子眼泪流下来了。后来她告诉我，父亲的陪伴和付出让她感动。其实，在我看那是理所当然的。杨老师根据满溪柳文化课学习情况和弹琴情况，主动热情地向上海市演奏家周涛老师推荐。我们感谢杨老师的帮助，更感谢周涛老师接受满溪柳为徒。周涛老师是上海市琵琶协会副会长，上海市民乐团琵琶演奏家。周涛老师艺术造诣深厚，生活上平易近人、和蔼可亲。周老师指导学生演奏琵琶时一丝不苟、细致入微。孩子在周涛老师辛勤指导下，琴艺突飞猛进。在2013年元月，满溪柳顺利通过了同济大学艺术特长生选拔考试（加二十分预录取）。

　　后来满溪柳在2013年6月通过高考，顺利进入了同济大学，也顺利地加入了学校民乐团。

　　孩子学琴十多年，有汗水有泪水，更有喜悦和收获。如果单从中考和高考看，学琴是看不出优势的，甚至不学琴，语数外考试分数可能更高一些。高考时只有少数大学，因艺术特长给予加分的。一般情况下，加十分加二十分的，分数较少，而学琴投入的精力和时间是很多的，也需要家长更多的陪伴和付出。现在甚至取消了艺术特长加分项目。我认为高考艺术特长生加分政策应该继续实施，当然要严格操作程序，取消少数一本分数录取985大学的情况，10—20分甚至30分加分是合理的。

　　其实，从小学习一门艺术，是对小孩性格的磨练，是小孩展示自己的很好机会，可以提高孩子的自信心，锻炼其能力。小孩子生活丰富了，也会促进他语数外的学习，为孩子写作文提供了很好的素材。孩子学琴学舞蹈学绘画等，形成了自己的特长，对孩子做学生干部也会有帮助。有研究表明，弹琴会大量运用左手，手指活动多，对右脑发育有很大帮助。大脑两半球，右脑分工想象力和创造力。因此孩子学琴，有利于右脑发育，有利于孩子想象力和创造力的培养。

满溪柳在同济大学,因为参加了民乐团就会有特别的加分,她就更有优势成为"优秀学生",几种优势叠加起来,就形成了1+1＞2的叠加效应。这些为满溪柳2016年9月清华研究生预录取打下了很好的基础。

第一时间要做什么?

上周五晚饭后,我和你一起坐在沙发上看电视,大约半个小时,近七点我要求你不要看电视到自己房间弹琴。可是你七点五十琴声才响起来,而八点一刻要离家学琴,弹琴练琴时间太少,并且时间安排没有余地。

你的表现让我很生气。下午到家休闲上网一个多小时了,饭后充分休息了,为什么还要拖延练琴?在自己房间里东翻翻西看看,看杂志看报纸,这样十分钟那样一刻钟连起来一节课时间都过了。表现好的应该在第一时间练琴,练四十分钟五十分钟的,然后安排各种零碎细小的事情。

希望从现在开始,先明确今天哪些事情是必做的,必做的事情里再找出先后缓急,安排好第一时间,把重要的事情做好,然后才可以自由一些、放松一些。切记前文所言。有几次离家返校,匆匆忙忙,丢三落四,甚是狼狈。其实,可以从周六开始准备起来,到周日离出发半小时前完全做好。

为了避免周日返校时紧张忙乱,那就从周五紧张起来!

学习如何抓住重点学科

加强物理和数学两科目的学习。减少英语的学习时间,减少化学、历史、生物、政治等科目的学习时间,以此保证增加学物理和数学两科的时间。

知道你对化学老师很崇拜,学化学兴趣多一些,而你不太喜欢物理老师,学物理的时间少一些。因此,克服偏好,减少化学学习时间,增加物理学习时间,进一步提高物理成绩。当然,你可以选修化学,这可能也没有必要。

望你合理安排时间,有计划有策略地学习。

"地球熄灯一小时"

一年一度的"地球熄灯一小时"活动，上海已参加多次，不知你了解多少，时间是哪一天？晚上几点开始？

这类问题作为高中学生理应知道的。高考或自主招生考试完全有可能涉及的。

不说对错说感受

近期你校食堂特色菜(饭)很受欢迎，大家排队购买。你排队时，后来的好友会让你帮他带一份。你说事后告诉好友，下次不好带饭了，影响不好，这样做不对等。好友因此生气。而你自己也很委屈。

很多时候不说对错说感受，效果会更好。心理学研究揭示了这一道理。人很多时候是感性的，很难冷静理智地处理问题，特别是人际交往方面。明明是对方的错，他也不一定承认，或他根本意识不到这一点，固执己见；有时心里已认识到错误，但表面还是遮掩。而有的时候，对方没有错，错在自己，这就更难以说服对方。

说感受，就可以回避谁是谁非的问题，回避了生硬的对错，说感情，说自己的感受，说自己很为难，说自己纠结、郁闷、不舒服等。对方这时就很容易让步，从而赢得对方理解和支持，由此化解了自己的问题、困惑和难题。

作文修改建议

昨天、今天想写一写你的期中考试，可能要写得详细一些，需要一块较多的时间。明天周三学生春游，我在家时间宽松，可以安排。今晚恰好看到前几个月为你写的文章点评，抄录下来，已形成完整资料。

关于"达人秀"宋佳政演出，你写"失误与错误"，老爸点评如下：

1.文章整体感觉确实不错

叙事清楚流畅，在叙事基础上抒发议论，提出论点后，能够进一步论证，达到了说理透彻目的，结构层次清晰。

2.文章个别细节有待推敲。

（1）文章的题目可以修改一下，题目也可以是论点，一句话。"避免令人痛心的错误""小错误大遗憾"等作为题目较好。

（2）先写提纲再写文章，主次分明，效果更好。

（3）文章开头，可以先声夺人，让人眼前一亮。"一场精彩绝伦的演出，全场爆发出了雷鸣般的掌声，震撼了全场上万名观众。奇迹，宋佳政，来自中国台湾地区的大学生创造了奇迹！""一场视觉盛宴令全场观众惊奇叫绝，一项小技艺——扯铃，却可以创造出如此美轮美奂的艺术效果，太不可思议了！奇迹创造者就是大学生宋佳政。演出的每一个环节都是精心设计和巧妙编排的。但是，非常遗憾的是演出之后的发言没有认真设计没有认真推敲……"我认为以上写法会更好，引人入胜。

（4）文章中"失误，也恰是加分之处"可以修改一下，"失误，瑕不掩瑜"。

（5）"高晓松醉驾"可以写得详细一些，如这是侥幸心理造成的，名人更不应该放松对自己的要求，为自己负责为别人负责，不应视法律甚至生命为儿戏。

考试心态——从期中考试谈起

这次期中考试，我想你的收获应该很大，体验到了良好的考试心态，同时也体会到了心态的重要性。

这次期中考试，语外数三门总分非常不错，排名年级第四，不多见，虽然以前有过这样的名次，印象中那是全科成绩。外语考得很好，正常状态，外语的实力很强。数学考得也不错，发挥了应有的水平，该你拿分的地方都拿到了，没有失误，很好，心理状态好考试状态好。语文的作文部分得分低，情况不是你预想的样子。望你继续练好汉字，注意作文的写法，词语句子要规范，不可似是而非，自己臆造不可取。调整一下，作文的分数是可以提高的。

这次考试，意外的是全科成绩，名次是高中阶段中最低。考前我要求你重视三加一学科，全科学习适当放松一些。你面对全科考试，没有认真准备复习，考试时也过于放松，没有认真对待每一个考题。这次体验一下成绩下滑的感觉有很大的好处。说明面对考试，心理状态很重要，对考试成绩影响很大，以后你就知道如何迎接考试，如何在考试中有很好的发挥。

以后考试，你一定会想到这次数学考试那种良好心理状态，那就会考出理想成绩。

"PISA"，味道好极了！ ——难忘的"PISA"测试

满溪柳（上海市洋泾中学高二学生）

没有想到参加"PISA"测试，我收获了惊喜！

4月13日，我参加了国际学生测试——PISA。不过，参加这个测试是毫无压力的。相关老师告诉我们，PISA是考察学习能力，与平时考试大不一样，测试时会有情景，甚至公式都可以告诉你，因此无需复习无需准备的。

两小时的书面笔试结束后，我感触良多。PISA测试的题目都是经过精心设计的，创设一个个情景，与生活联系十分密切。题目中不会有意设置陷阱，旨在考查学生解决问题的能力，甚至会一步步引导学生解决问题。

印象很深的是，PISA的题型特别新颖而又亲切。例如，一道关于盲人"点字法"题目，告诉你"点字法"中1/2是怎样的，9/4又是怎样的，最后要求你求出12/5的"点字法"表达式。该题看似颇为简单，实则难度不小。该题集图形观察、信息捕捉于一体。比起平时考试中单一地给出数字，求数列通项，这样的题目更有趣更有意义，同时也更能考察学生的综合素养。这是名副其实的头脑体操，这样的题目岂不是多多益善？

PISA测试中涉及的知识面非常广泛，给予学生广阔的视野引导。题目中例如会涉及风帆船、房屋装修图、人口金字塔以及父母对孩子的期望，还有如何开展暑假工作等。有的是开放型题目，考察学生的人文素养。

下午，我和部分同学又一起参加了计算机辅助测试，为时40分钟，也是收获多多。第一题模拟了一次网上订票。接下来有一题是生物学方面的，说的是"过敏症"。其实我对生物学本来没什么兴趣，没想到问题并不难，反而很有趣，而接下来有二三题都是该方面的资料阅读。印象深刻的

有一题是关于"纸币防伪"的,通过测试,自己学会了不少"纸币防伪"方法。嗯,很不错,很有收获。

这次PISA测试重点是数学。有一题是小兔子繁殖问题,有第一个月到第六个月的数据,故事主人公——简将其描点发现不是直线,要求判断出第七个月的小兔子数。看到题目,我惯性地想用数列方法求解,后发现过于麻烦,于是找数字间规律推测一个数字。进入下一题,简猜测这是$Y=ax^2+b$的图像,于是题目中出现了$a=1,b=1$时的函数图像,还有一个表格。题目说明,a的值是可以改变的,且可以在表格中修改a的数值,由此得出不同的y的值。我试着改变a的值,再看数值表,没有发现想象中的变化,看了一下时间,担心来不及便放弃了尝试,直接答题。题目很简单,问a增大时图像会有怎样的变化。我根据平时学到过的知识,不假思索地选出了答案,可是这时有一点心虚的感觉。进入下一题,发现竟然还是那个题目,只是这次是a不变b变。我抱着试一试的心态,改变了b的值。这一次,我不再眼睛只盯着右手输入数字,而是紧紧盯着屏幕中数值表及图像。当我输入10(即将1变为10)时,发现一刹那数值表发生了变化,且图像也提升了,旋即变化停止。啊!我当时有发现新大陆的欣喜。此后,我又试了几个大数字,20,50,图像随即上升。问b增大时图像会有怎样的变化,根据自己刚才操作,我很坚定地选择了"图像整体上移"。其实这里就是数学中二次函数问题,却是用了与平时所学完全不同的方法。通过上述动手操作,图像上移的情形深深地印在脑海里了,根本无需课堂上老师口干舌燥地讲解了。接下来,新问题中a、b皆可变,来研究函数图像与兔子数量的关系。图像在不断变化,我的思维也不断被激发。从前课堂上学到的死知识,现在竟然如此生动活泼!我开始惊叹数学的奇妙了!这好像不是考试,更像是思维游戏,我在探索我在收获惊喜!

印象很深的还有空间想象题。题目中给出了一个积木块的正视图和右视图,要求在另一平面上用最小的积木块摆出这样的图形。点击鼠标,一个积木块便放上去了,发现不对,再点一下就可以擦去,而且搭完后,可以点平面,移动鼠标,便可使它360°转动起来,可以检验自己的对错。我有些陶醉了,原来立体几何的世界这么有趣!紧接着又是一道立体几何题,搭积木。很快,怀着愉快的心情完成了那个几何体的制作。现在回想起来，仿佛在我眼前一个美妙的几何体转呀转，很是享受！与此相比，课堂上，老师们直接用三大公理作为立体几何开篇，让人云里雾里的。测试中两个搭积木的过程让我很快地有了空间感，空间想象能力大涨，更重要的是，我发现了数学其实是很美的！这样的数学学习和探索真是幸福！

PISA那份调查问卷，不断地问"是否喜欢数学""是否热爱研究数学""做数学题是因为热爱数学"，我都选择了"否"。是啊，好像身边的朋友都一直很努力地学数学做题目，甚至在考试中取得好成绩，但问起来是否真正喜欢数学，却大都模棱两可，很少听见掷地有声的"是！我喜欢数学"。

我想，PISA测试带给我的不仅仅是一种全新的体验，更有一种思考数学学习的新角度。

有故事的数学题更会激发我们的学习兴趣，希望老师们把"小兔子"放进数学题中；数学的学习过程是有惊喜的，希望多一点机会让我们体验那惊喜，让我们在"搭积木"中学习。

注：文章是在我两次督促下，过了十多天才动笔写的。后文章发表于2013年12月《文汇报》，报社还给了400元稿费。

幸福的方法

近两天读《幸福的方法》，作者是泰勒·本－沙哈尔，被称为哈佛大学"最受欢迎的人生导师"。

作者强调：

（1）幸福的奥秘就在于你的视角，你的理解，你的心态，你的选择。

（2）幸福不仅是快乐，也包括面对困难、挫折的权利。幸福是成长，是一种习惯。

（3）权力、金钱、声望都是获取幸福的手段，而不是目标。

（4）只有悦纳了自己，才能悦纳他人。

后 记

你可以更幸福

近两年我们会关注自己或他人的幸福感。

"你吃了吗?"这是中国人长期的问候语,我们关心的是温饱问题;"你在哪里发财?"近二十年,我们的问候反映了改革开放带来的巨大变化;今天"你幸福吗?"则折射出中国人小康之后的新追求。

大洋彼岸的美国,近几年刮起了追求幸福感的狂潮。21世纪初期,积极心理学在美国得到了迅猛发展。哈佛大学泰勒博士开设"积极心理学"讲座,在第三个学期即开创了哈佛新的纪录,超越了长期排名第一的"经济学原理"。之所以创造奇迹,是因为学生们在课堂上学习"如何获得幸福",幸福不再是一种"摸不着"的东西。泰勒博士告诉我们,提升幸福感是有方法的。虽然我读过大量的心理学著作,但学习泰勒博士的心理学专著——《幸福的方法》获益匪浅。

泰勒博士认为,每一个人都可以更幸福,没有人总是处于完美的生活状态而无欲无求。"你幸福吗?""幸福!""不幸福!"其实不是这样非黑即白的简单。泰勒博士为我们描述了"四种人生模式",或可以理解为四种人生状态。一是享乐主义型,及时行乐而不顾未来的人生;二是忙碌奔波型,舍弃眼前的幸福追求未来的目标;三是虚无主义型,对当下和未来都没有任何期望;四是美好幸福型,兼顾现在和未来的人生。真正的持续的幸福感,需要我们为了一个有意义的目标而去快乐地努力与奋斗。幸福不是拼命爬上山顶,也不是在山下漫无目的游逛;幸福是向山顶攀登过程中的种种经历和感受。幸福是快乐与意义的结合。

泰勒博士强调,学会与恐惧相处,找寻自己的优势,设定短期以及长远的目标,这样都有利于提升幸福感。

通常我们中国人会强调,幸福取决于你的心态。《幸福的方法》告诉我们,幸福的奥秘在于你的视角、你的理解、你的心态和选择。

注:孩子高二,亲子同读《幸福的方法》。

"苹果手机"没有什么好

前几天,你妈妈在吃午饭时说,等你上了大学,给你买苹果手机、苹果电脑之类的。当时你就表示不感兴趣,我也认为那是不值一提的。

但是当下中国家庭绝大多数家长是喜欢说这样的话题。我认为:应该追求重要的,而不是别人喜欢的。

优秀的人是有主见的,有信心的,很多时候是不会追求流行时尚的东西的。

学会当仁不让

人要敢于面对现实,挫折面前不回避,荣誉来了也受之无愧。

遭遇挫折,回避甚至痛苦不堪,像一个娃娃摔了一跤,哇哇大叫而不愿爬起。勇者是敢于战胜挫折,是不畏惧的。优秀的人是在无数次挫折中成长起来的。

你刻意回避自己是学生会主席的身份,还是太过于在意老师同学的看法,害怕别人说你张扬,这还是不自信的表现。

无论什么时候,客观地承认事实是很简单基本的做法。好事,可以说到自己积极的态度,不好的事,可以说自己的真实感受。这样,好事的情况下,大家会欣赏你;而犯错的时候,别人也会理解你的。否则,好的方面过分谦让回避,岂不是委屈了自己?坏的方面,不承认,现在社会上很多事情就是这样,别人也不会放过,甚至造成更坏的影响。

让事实说话,凭实力做事,是非曲直,尽心尽力,无愧无悔,心安理得。

饮食要讲科学,勿偏听偏信

你现在学习任务很重,当然要吃得好,保证营养。让你吃鸡蛋牛奶时,你常说生物老师说吃多了不吸收。最近细想此事,有的人一知半解的,常会说出惊人之语,甚至违背常识,也许可以得一时之逞,其荒谬终会被揭穿。

记得两年前,"把吃出了的病吃回去"叫得山响,张悟本成了许多人迷信的神医,"绿豆"甚至"茄子"成了张悟本的仙丹,百病可医。疯狂之后,国人终于认清了张悟本的本来面目——骗子。

虽然认为你生物老师说得不可信,违背常识,但我无法让你心服口服。现在好了,《文汇报》发表了一位权威的文章,说饮食营养的。

对比专家所说的,我作为家长,感觉还没有做到位,应更细致一些。

高考专业选择

应用物理学适合动手能力强的物理学爱好者。

——《文汇报》2012年4月21日"文汇教育"

选好学校还是好专业?

教育考试院专家熊炳奇在《文汇报》发表文章,强调:热门专业的学生往往具有心理优势;在"一本"里可以选好学校"冷"专业,"二本"里选择"差"学校"好"专业。

欣赏孩子,而不是奖励孩子。罗宾·格瑞尔撰写文章强调了上述观点,他是澳大利亚心理学家和心理治疗师。

小贴士

《文汇报(新书摘)》介绍《开启智慧》一书,其中强调:夸孩子聪明伶俐不如夸孩子刻苦努力;不要轻易向孩子许诺奖励。有效的辅导:当辅导孩子学习时,尽量记住马克、莱普总结的辅导5C原则:培养一种控制感,向孩子发起一种挑战,向孩子灌输信心,培养孩子的好奇心,让孩子将问题放到一定的背景中去思考。

林毅夫读《老子》

经济学家林毅夫卸任世界银行副行长,回归北京大学。

林毅夫说,他看老子的《道德经》有几百遍。

前几天《读者》杂志刊文说，围棋大师吴清源战胜多位日本围棋大师，他凭借的不是技艺，是心态。他说读《老子》，追求"无欲、无我"境界。《老子》和《道德经》是一本书，两个名称。

战胜自我，天下无敌！

因考试哭泣——不要为打翻的牛奶哭泣

周日，物理、化学、生物三科实验考。你说第一门是化学，有失误，竟然没有看清题目要求，要求是10毫升溶液，你加入的是约5毫升。第二门物理实验，你已经给自己提醒了，仔细一些！这次题目要求看得仔细，甚至看了几遍。可是，实验时发了草稿纸你竟然一字未写，情绪没有安稳下来，急匆匆完成了实验离开了考场。后来才想到物理实验易错的地方完全忽略，忘记了注意事项所强调的东西。当然，实验时，器材出现了故障，给你情绪也造成了不利影响。

在回家的路上，你感觉没有考好，伤心地哭了。

其实，在考实验之前，给你说过，可以在草稿纸上写写，甚至在准考证上写写，帮助自己理清思路，帮助自己想得周到一些；给你强调，要战胜自己，调整好心态。给你说的，你没有认真地听没有用心地听，考场发的草稿纸一字未写，给你充足的时间没有利用。你说，感觉自己在草稿纸上写一写是不聪明的表现，提出离开考场好像是向监考老师证明自己很聪明。要知道，最重要的是为自己负责，给自己一个交代，其他人都不重要，甚至是父母亲也不必考虑过多,你不后悔,老爸就会坚定地支持你。

有些时候,过程是有意义的,可以不计结果。但绝大多数过程是手段和途径,是为结果准备的。早早地离开考场,往往意味着你放弃了许多时间,放弃了许多机会。如果冷静下来,利用充足时间,利用草稿纸,一步一步检查,相信会避免失误的。

我想:什么是聪明?小事当大事做,认真仔细;大事当小事那样对待,自信从容,事情做得好,方算得上聪明。小事糊涂大事聪明,得失取舍难得糊涂,这些就另有深意、另当别论了。

这次物理、化学实验考,有多处失误,引起我们重视,是好事!

和孩子谈了如何集中注意力的问题

孩子说,暑假在家里学习做作业,常会注意力不集中,不专心,注意力转移到学习外边别的事情了。

如何集中注意力?

(1)做好学习计划,养成习惯。上午做什么,下午学什么,晚上又是如何安排,做到有计划有步骤,有条不紊。坐下来学习,学习半小时或学习一小时,甚至两小时集中完成一份试题检测。按计划安排,不可二十分钟未到就坐不住了,离开座位喝水或吃水果都是不良的习惯。

(2)努力集中注意力,克服干扰,抵制诱惑。

逐步学会控制自己的注意力,主动积极地管理注意力。

(3)掌握方法,保持好注意力。

做一件事情,常会突然想到另一件事情。学习或做作业时,手边可以放置草稿纸、笔,对学习有许多帮助,同时,也可以把突发奇想简单地记下来,写一句话两句话,写完了就把另一件事情暂时放置一边,完成预设任务后,回头再处理思想开小差时问题。

注意力转移了,马上给自己一个警告,再把注意力拉回来。不能信马由缰。

一般地,单一的智力活动,如单看文章,或单读材料等,容易造成心理疲惫,感觉单调乏味,人容易提不起精神,或者走神,学习效果较差。在此时,可以改变学习方式,由原来的阅读改变为边读边写,或以写代读,甚至有的学习材料可以用听觉来学习,听录音。

(4)改变学习内容,改变学习计划。

学数学时,注意力集中不起来,采取其他方法仍没有效果的,干脆改变学习内容,读一读英语材料也许会好起来。在学语文时,感觉厌烦了,学习效率下降,也不妨做几道物理题,可能情况会好很多。

回老家几天的两点感受

开车回老家,离开上海,进入江苏,在高速公路上服务区加油。让我意外的是,在那里加油索要发票非常容易,在加油过程中,服务人员就可以帮你拿发票了。这种情况,在上海两年时间是没有过的。

在上海加油,索要发票,自己到超市才能拿到。因为麻烦,多数时候就放弃了拿发票。在很多方面,上海比外地更讲规范讲规则,为什么汽车加油服务却很差?我想,可能是上海汽车加油站更为垄断吧。同样是"中国石化"加油站,服务却有很大差别,也许外地竞争更为激烈,那里的"中石化"服务就更到位。

在老家的三天,到镇政府转了一圈,感触良多。镇政府大院感觉就是脏乱差!办公室门口垃圾成堆,走道里也不能平整清爽。可能贫困地区镇政府大多存在这一问题。

经济发达地区,政府大楼漂亮干净,有清洁服务人员打扫卫生。贫困地区财政紧张,经费有限,无钱支付清洁费。

其实,无钱也能办事,关键在有没有那种精神。

与孩子谈学习内容的选择

假期里,学生的学习要有很好的自主性,适合安排个性化的学习,学习内容可以因人而异,甚至老师的安排也不宜全盘接收。

前几天,给孩子谈了英语学习内容。我认为高二升高三的暑假,英语学习没有必要做大量的高考试卷类型的题目,那还为时尚早。我认为自己的孩子可以听听英语,甚至说说读读,其他方面可以少花时间,把时间安排到学数学上面。

当然学数学也不仅仅是大量地做题。数学学习可以选一本好的资料,归纳概括数学重点、数学解题方法等。如北京孙维刚老师的数学书。

总之,暑假学习要明确方向,弄清适合自己的学习内容,追求最大效益,避免钻进题海迷失方向。

第三节　高三年级

元青花

元青花,就是价值连城的代名词。2005年7月,元代青花大罐"鬼谷子下山"于伦敦佳士得拍卖会上以1500多万英镑(约合2.3亿人民币)的价格成交,创出当时中国艺术品拍卖最高价。从此,元青花这一稀世瓷器品种便由寂静的学界进入喧闹的大众视野。

元青花,白底之上泛着青花,颜色鲜艳,图绘明净、素雅,大有传统水墨画的韵味。元青花瓷开辟了由素瓷向彩瓷过渡的新时代,其富丽雄浑的风格、层次繁多的绘画,与中华民族传统的审美情趣大相径庭,可谓中国陶瓷史上的奇迹。

小贴士

元青花鬼谷子下山图罐,元代青花瓷器,主体纹饰为"鬼谷子下山图",描述了孙膑的师傅鬼谷子在齐国使节苏代的再三请求下,答应下山

搭救被燕国陷阵的齐国名将孙膑和独孤陈的故事。

该器物于 2005 年 7 月 12 日伦敦佳士得举行的"中国陶瓷、工艺精品及外销工艺品"拍卖会上，以 1400 万英镑拍出，加佣金后为 1568.8 万英镑，折合人民币约 2.3 亿，创下了当时中国艺术品在世界上的最高拍卖纪录。

老子《道德经》名句：

1. 上善若水，水善利万物而不争。

2. 功遂身退，天之道。

3. 俗人昭昭，我独昏昏；俗人察察，我独闷闷。

4. 人法地，地法天，天法道，道法自然。

5. 知其荣，守其辱，为天下谷。

6. 兵者不详之器，非君子之器，不得已而用之，恬淡为上，胜而不美。

7. 知人者智，自知者明；胜人者有力，自胜者强。

8. 大器晚成，大音希声，大象无形，道隐无名。

9. 道生一，一生二，二生三，三生万物。

10. 名与身孰亲？身与货孰多？得与亡孰病？知足不辱，知止不殆。

11. 大直若屈，大巧若拙，大辩若讷。

12. 不出户，知天下。

13. 知者不言，言者不知。

14. 治大国若烹小鲜。

15. 道者万物之奥，善人之宝。美言可以市尊，美行可以加人。

16. 天下难事必作于易，天下大事必作于细。

17. 九层之台,起于累土;千里之行,始于足下。

18. 江海之所以能为百谷王者,以其善下之,故能者为百谷王。

19. 我有三宝,持而保之:一曰慈,二曰俭,三曰不敢为天下先。

20. 天网恢恢疏而不失。

21. 信言不类,类而不信;善者不辩,辩者不善;知者不博,博者不知。

圣人之道,为而不争。

勤奋

哈佛大学有一个著名理论:人的差别在于业余时间。

亨利·福特言:如果你想永远做个雇员,那么下班的汽笛吹响时,你就可以暂时忘掉手中的工作;如果你想继续前进,去开创一番事业,那么,汽笛仅仅是你开始思考的信号。

小贴士

亨利·福特(1863—1947年),是20世纪公认的伟大的企业家,他是福特汽车公司之父,也是美国优秀的汽车工程师。福特在1903年创立了福特汽车公司。

做事慢

著名作家刘震云最近撰文透露自己的写作诀窍。

作家说他的灵感来自两位未读书但有远见卓识的亲戚。一位说一辈子专心做好一件事,另一位说做事要慢。一位亲戚是木匠,方圆几十里,他的木匠活做得最好。别人打一张桌子花三天时间，他花十天，所以打出来的桌子就比别人的好。作家悟出来，做事情要慢。

"别人写一本小说花三个月，我花三年，人家说我的好，其实并不是我的手艺比那个人好，而是我花的时间比那个人长一些。"作家刘震云如是说。

注：刘震云，著名作家、中国人民大学文学院教授，茅盾文学奖得主。代表作有《一地鸡毛》《我叫刘跃进》《一句顶一万句》等。

美好生活方式

1.接受自己的过失。

2.养成一个新习惯。

3.别强求完美。

4.别自我懈怠。

5.不要无视自己的权益。

6.直面自己的短处。

7.像理财一样地安排时间。

8.多运动。

9.及时处理掉不用的东西。

10.勇于和不喜欢的人断绝关系。

11.自己倾慕已久的东西要追求到手。

12.若对事物有怀疑，那就相信直觉。

13.一开始就别说谎。

14.给自己独处的时间。

15.做对别人有价值的事情。

16.不想看到的事情要勇于拒绝。

17.重视过程而非结果。

18.有自己的底线和原则。

幸福三宝

幸福之路只有三个途径：舍得、平衡和付出。

写给女儿成人仪式的信

孩子：

我亲爱的女儿，十八岁了，啊，感觉过得真快！虽然一直陪伴着你，平常都会给你讲故事说道理，但当你踏上成人之槛时，老爸还是心情复杂，心里千言万语不知从哪一句说起。

女儿，中国人常说闺女，我想应该是女儿要多一点保护多一点疼爱，男女有别，地球的另一边也是如此。闺女啊，学会保护自己！希望你的人生之路平顺一些，生命的旋律是优美而舒缓的。男人，到大风大浪中锻炼自己，摔倒了再爬起来，男人的乐章可以是激荡起伏、惊心动魄的。

十八岁，算是大人了，在法律上享有了成年人的权利。而另一面，你也要承担应有的义务和责任。这一点，我早就给你强调过：你的行为，不管是学习还是做事都是为自己负责。当然，未来的路，老爸会尽心尽力为你着想，同你一道分担烦恼共享欢乐。

想想，我们这十几年一路顺利，你以今天的状态踏上成人门槛，我感到是幸福的，为你感到骄傲。你上幼儿园时对大人依依不舍情景，骑小自行车调皮可爱的样子，十多岁时带你学书法风雨之路等等，记忆犹新。你小学开始到现在坚持学琴，很辛苦，同时，我想那优美的旋律能流到你的心里，会有几分甜蜜。初中阶段学习打乒乓球，学得很好。球打得漂亮了，自然心情也漂亮了。2011年暑假夏令营，同几十个外国小孩一起生活学习，这愉快美好的两周时间你一定终身难忘。高二时，跳绳是你的薄弱项目,经过积极主动练习,跳绳成绩有大幅度提高,老爸为你的进步而高兴。

十几年来,你带给老爸无数的惊喜,你也从六七岁要老爸抱着驮着撒娇的小幼儿成长为今天综合素质优秀的小青年。

当今社会浮躁纷乱,诱惑的陷阱遍布,阴险欺诈的故事天天上演。三五年前毒奶粉坑害了一大批婴幼儿,至今百姓还是心有余悸;两年前,地沟油以更猛烈的方式随之而来,席卷大江南北,城市乡村几乎无人幸免;惊魂未定,近期"酒鬼"酒又在"闹鬼",因"塑化剂"而成热点。2011年漂亮的郭美美揭开了"红十字会"丑恶的内幕;2012年,明星学者于丹不在大学里做学问,多年已习惯走秀,仿佛是时尚的代言人,终落下难堪结局——被北京大学的一群大学生"哄下了台"。前两年,近六十岁的王石说自己还很青涩,老爸四十多岁,当然要继续修炼。

十八岁的你,望你多学习多思考;追求名利少一点,流汗水多一点;大笑会忘乎所以,怨恨而远离幸福,微笑面对生活;眼界开阔,不计小利;登高望远,不求一时一地,而谋人生之幸福!

十八岁,是美丽而幸福的。一张新画卷将徐徐展开,相信你将描绘出优美的线条、绚丽的色彩!

南怀瑾:人生哲学传播者

儒释道的"打通"是他的事业核心,这种打通的意义在于为今天的华人社会提供一种人生哲学。一种既出世又入世、既超越又世俗的价值观。

儒:敢担当　拿得起
释:名无常　放得下
道:常知足　看得开

南先生强调:"人生的最高境界是佛为心,道为骨,儒为表,大度看世界。技在手,能在身,思在脑,从容过生活。"为此他有生动的比喻:"儒家像粮食店,决不能打。否则,打倒了儒家,我们就没有饭吃——没有精神食粮;佛家是百货店,里面所有,都是人生必需的东西;道家则是药店,如果不生病,一生也可以不必去理会它,要是一生病,就非自动找上门去不可……"

小贴士

《文汇报(笔会)》发表文章《什么改变了乔布斯》(乔布斯与佛禅)

文章中记叙了乔布斯不幸的童年,高中时期叛逆,大学时接触了佛禅,其后生活中佛禅印记很深。乔布斯20岁创办了苹果公司,30岁被赶出了公司。当然,文章中写到了苹果公司创造的辉煌。让人意外的是,乔布斯强调,"计算机和科学技术并不能改变整个世界,是你的孩子才真正使你改变了对这些事物的看法,科学技术是不能改变我们思想的。"

乔布斯称其信奉的人生格言是:忍饥,守拙。

日省吾身:生活幸福吗?

亚里士多德说:"幸福,是人一切行为的终极目的。"

国人长期以来的问候是"你吃了吗?"关心的是温饱问题;二十年的问候是"你在哪儿发财?"大家争先恐后下海经商发财;现在则是"你幸福吗?"引发国人热议。

有着勤劳节俭传统美德的中国人,享乐主义是被排斥的,自己在家里觉得还算幸福,但与海外比,幸福感就不那么自信了。研究表明,在全世界,以地区来看,北欧的幸福指数最高,其次是美英澳等英语国家,美洲中南部紧随其后,接下来是阿拉伯地区,然后是印度等南亚地区,非洲排在西欧南欧之前,最靠后是东亚。这一排名显示幸福感与经济发展水平不具有正相关关系，和文化、社会制度关系较大。

需要得到满足后的内心和谐与宁静，就是我们想要的幸福。

小贴士

马斯洛需求层次理论是人本主义科学的理论之一，由美国心理学家亚伯拉罕·马斯洛在 1943 年在《人类激励理论》中所提出。书中将人类需求像阶梯一样从低到高按层次分为五种，分别是：生理需求、安全需求、社交需求、尊重需求和自我实现需求。

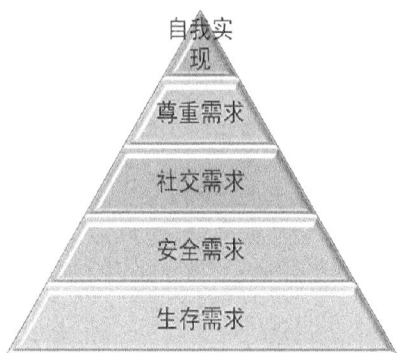

马斯洛在晚年又发表了一篇重要的文章《Z 理论》，他在文中重新反省他多年来发展出来的需求理论，并增加了第六个需求层次自我超越的需求，进而归纳为三个次理论，即「X 理论」「Y 理论」及「Z 理论」

看孩子"作文"

1.温柔的枷锁

（1）你在作文中标点使用，没有占一格。这一问题你常会表现出来。

我们还是要讲规范,讲细节,没有必要省一格。一篇文章写下来,本来可以多十个字八个字的,你这样处理反而少了十多个字。当然,标点是可表达感情,表达意思的,理应充分重视,给其应有的位置。这方面也可看作是作文的基本功。

(2)不说则已,说之必明。文章中提到韩国国防部对一名歌星的处罚,没有说清,可以多交待几句。当然这一篇文章中可以不提这一事件。"制度是死的,人是活的。"叙述到这里,还可以适当展开一些。

(3)文章中的分论点,可以紧扣"温柔的枷锁"这一主题。不入规矩不成方圆,可以强调制度这一枷锁是必不可少的,问题是如何体现制度的人性化,是体现出"温柔"。

(4)个别字的书写要工整一些。如"个例"的"个",写成"个","兵役"可以写成"兵役","役"是简单的;"错误"的"错","错"是不规范的,"错"也不难写的。字写出来是给别人看的,首先是别人容易看明白,其次是看得舒服。当然,名家写字可以创新!

2.放开眼光,谋篇布局

(1)铺装木地板要谋篇布局,心里想的一个房间木地板的效果,未来的效果,虽然要一块一块木地板进行拼装。这种拼装技巧就如绘画中的"留白"艺术。可以这样来过渡。

(2)写画家绘画艺术,写实一些更好。

(3)苹果创造人之一乔布斯,他"旋风般的工作速度"令人感叹高效率……他指挥下的苹果并没有真正的创新理念,iPhone5的发布也只是为了盈利。

可以先声夺人,词语句子都有推敲。享誉全球的"苹果公司";享誉全球的"苹果之父"——乔布斯;一代天才,美国伟大的乔布斯;他"旋风般的工作速度"令人感叹!简洁有力!"他指挥下"他精心孕育的"苹果公司"很快便丧失了创新的动力。iPhone5的发布,并没有实质性的创新,只是为了盈利而推出的"新名词"。

对于乔布斯,我们是求全责备,过于苛刻。以"苹果,乔布斯"为论据,是反面论据,还是不够典型,不够让人信服。可以用"真正失败"的事例作为论据。

可以谈谈高考与人生的关系。

3.你是"纸片"，还是"蝴蝶"？

读完这首诗后，我想到了两个人，明朝时期赫赫有名的两个大人物，一位是严嵩，可谓是"纸片"型人的典型代表；另一位是首辅徐阶，谓之"蝴蝶"型人的典型。

他不但为民除害，铲除了作恶多端的大奸臣严嵩，而且一手培植了国家栋梁张居正。徐阶一生仕途虽最后位极人臣，但前期跌宕起伏，几经浮沉。目睹老师被严嵩陷害而无能为力，忍辱负重十多年。徐阶前期所经历的苦楚、煎熬无法言说……

在十多年的隐忍中，他卧薪尝胆，潜心修炼，积蓄力量，时刻准备东山再起，为国尽忠。十多年的隐忍，徐阶从未放弃内心对正义的坚守与追求。

文章最后多写几句可能更好。当然前文可适当压缩一些。

善良比聪明更难

聪明是一种天赋，而善良是一种选择。
天赋得来很容易，而选择则颇为不易。
追随自己内心的热情。
忍耐是人生的必修课。
简单的事情可以精细化，做出新意；
复杂的事情简单做，抓重点。

文学大师木心讲课笔记（陈丹青）

佛教吸引中国最有学问的人去研究，说明佛经的文学性、哲理性之丰富。近现代有章太炎、鲁迅，都有涉入。章太炎的学说，就是佛经与老庄哲学的融合。研究佛经，是东方智者和知识分子的一个底。

与希腊史诗比肩的中国宏伟的史诗，唯有《诗经》。三百零五首《诗经》抒情诗是任何各国古典抒情诗都不及的。

《离骚》，能和西方交响乐媲美。《楚辞》，起于屈原，绝于屈原。宋玉华美，枚乘雄辩滔滔，都不及屈原。唐诗是琳琅满目的文字，屈原全篇是一种心情的起伏，充满辞藻，却总在起伏流动，一种飞翔的感觉。

司马迁，写人物忘掉儒家时，是最精彩的。写屈原，以儒家精神写，不佳。写到"鸿门宴"人物，忘了儒家，大好！

老子：谈哲学家，开门见山，这座山，是中国最大的山。

哲学家中，只有尼采一个人觉察到哲学的不济，坦率地说了出来。

魏晋文学。中国的文学，是月亮文学，李白、东坡、辛弃疾、陆游的所谓豪放，都是做出来的，是外露的架子，嵇康的阳刚是内在的，天生的。

中国古典文学要从中国古典文学汲取营养，借力借光，尚有三个方面：诸子经典的诡辩和雄辩，今天可用。史学述事的笔力和气量看，今天可用。诗经、乐府、陶诗的遣词造句，今天可用！

亚父　以前皇帝的老师叫亚父，太子的老师叫洗马。

李商隐　是唐代唯一直通现代的诗人。唯美主义，神秘主义。

范仲淹"先天下之忧"的名句，很正经。但写起词来，和女人一样善感。

宗教就是政治。

唐代，真正的小说上场，即所谓"传奇"。唐人传奇精美、奇妙、纯正，技巧一下子就达到了极高的程度。

整个明文学，只有金圣叹是大批评家。

曹雪芹　熟读释家道家经典。佛家的前半段，就是悲观主义，道家的后半段，就是超人哲学。

风雪夜，听我说书者五六人，阴雨，七八人，风和日丽，十人，我读，众人听，都高兴，别无他想。

（木心幼时读上文，大喜，不想后来，木心成了说书人。由此，木心感慨不已！）

歌德有格言：回到内心。陶潜的《归去来兮辞》，就是回到内心。

花衣吹笛人——勃朗宁，寓言童话性质的诗。

哈代的行文非常迟缓，我读时，像中了魔法一样。他行文的本领，音乐家应该羡慕：如此长、温和。读时，心就静下来，慢下来。

《复活》，实在写得好。笔力很重，转弯抹角的大结构，非常讲究，有点像魏碑。

《道德经》若浅谈，就是讲谋略，老奸巨猾；深读，会炼成思想上的内家功夫。

《离骚》若深读，就爱国、殉情；浅读，则唯美，好得很。《韩非子》，也宜浅读。

意识流，宜写短篇小说，更宜写散文。

李安——少年派的奇幻漂流

《少年派的奇幻漂流》是李安没有争议的作品，十年来唯一没有争议的作品。李安说这部片子拍了四年，现在，所有人都看到了一部近乎完美的作品。

小贴士

李安，来自中国台湾的美籍华裔大导演。拍摄了《理智与情感》（1995年）、《少年派的奇幻漂流》（2013年）等代表作。李安共获得奥斯卡金像奖、英国电影学院奖、金球奖等电影界大奖多次，在国际上享有盛誉。

2012年十大语文差错其中有：

一、汉字数学：二〇一二年，"二零一二年"是错误的。

二、兄弟阋（xì）于墙，语出《诗经》，意为争吵。

音乐特长生考试

满溪柳参加同济大学音乐特长生考试，经过初试和复试两轮考试，顺利过关，拿到了预录取资格，即享受高考同济大学录取线降20分录取。20分能不能发挥作用，那就看高考发挥了。

满溪柳拜师周韬老师约一年时间，琴艺有了长足的进步。感谢上海市琵琶演奏家周韬老师辛勤指导！春节前，特地带着礼物到周老师家表示了感谢。周老师说，小孩琴弹得好，主要是小孩自己学得好，不要到家里感谢了。做家长的，当然要感谢老师的辛勤指导！

改变人生的课程——积极心理学

哈佛大学排名第一的课程——积极心理学，泰勒·本-沙哈尔博士主讲的积极心理学讲座是哈佛大学最受学生欢迎的课程。

生活本身的目的就是获得幸福，追求幸福让众生殊途同归。——安妮·弗兰克（心理学家）

2002年，泰勒博士在哈佛大学第一次开设积极心理学讲座，八个学生报名，其中还有两人中途退出。第二年，选修泰勒博士课程的学生有三百多人。接下来，第三年，选修的学生达到了八百多人。

学会与恐惧相处，找寻自己的优势，设定短期以及长远的目标。

当今美国，抑郁症的患病率比20世纪60年代高出了10倍，而发病年龄也从60年代的29.5岁下降到今天的14.5岁。有调查表明，将近45%的美国大学生因抑郁症而影响到了正常的社会生活。

积极心理学通常被称为"帮助人类发挥潜能的科学"。

幸福，是一次愉快的旅行。

我们永远都可以更幸福，没有人总是处于完美的生活状态而无欲无求。

亚里士多德：我们的习惯造就了我们。卓越不是一次行为，而是一种习惯。

每天记下五件值得感激的事，让感恩成为一种习惯。

协调现在与未来——为登顶而努力，并享受攀登的过程。

四种人生模式

（1）及时享乐而不顾未来的人生，谓之"享乐主义型"。

（2）舍弃眼前的幸福追求未来的目标，谓之"忙碌奔波型"。

（3）对当下和未来都没有任何期望，谓之"虚无主义型"。

（4）兼顾现在和未来的人生，谓之"美好幸福型"。

一位心理学家毕生致力于研究高峰体验和巅峰表现，他得出如下结论：人类最好的时刻，通常是在追求某一目标的过程中，把自身实力发挥得淋漓尽致之时。

享乐主义者的生活没有挑战，不可能获得幸福。

虚无主义者是那些已经放弃追求幸福的人，不再相信生活是有意义的。虚无主义者是沉迷于过去，放弃现在和未来的人。

心理学家马丁·赛里格曼研究了"习得性无助"现象。

"忙碌奔波型"者感觉不到过程的重要性。"享乐主义者"则错误地认为，只有过程最重要。"虚无主义者"同时放弃了过程和结果，他们对生活已经麻木了。

真正的持续的幸福感，需要我们为了一个有意义的目标而去快乐地努力与奋斗。幸福不是拼命爬到山顶，也不是在山下漫无目的的闲逛；幸福是向山顶攀登过程中的种种经历和感受。

谈幸福：英国哲学家大卫·休谟曾说过："人类刻苦勤勉的终点就是获得幸福，因此才有了艺术创作，科学发明，法律制定，以及社会的变革。"

泰勒·本–沙哈尔认为：幸福是快乐与意义的结合。

美国著名心理学家马丁·赛里格曼认为：幸福的组成是意义、快乐与投入。

快乐，一代心理学宗师弗洛伊德认为追求快乐是人类的本能。

著名心理学家弗兰克则认为，人类意志力的原动力来自意义，而不是快乐。人类最大的动力，来自对生命意义的追求。

泰勒博士认为，想要一个充实而幸福的生活，就必须去追求快乐和意义两种价值。

著名美国心理学家马斯洛,"需要层次理论"的创建者,他强调:"人如果不能时刻倾听自己的心声,就无法明智选择人生的道路。"

美国哲学家梭罗:生命并不长,别再赶时间了。意指珍惜生命,倾听内心的声音,抓住生命中最重要的部分。

电脑、互联网的影响

2006年,一项由美国惠普公司赞助的研究发现:被电话、电子邮件以及短信所干扰的员工,他们脑功能所受到的不良影响,甚至高过吸大麻的人。

目标和幸福

心理学家肯农·希尔顿和他的同事们写道:对于追求幸福的人来说,我们建议,去追求包括成长、人际关系和对社会有贡献的目标。

心理学家丹尼尔·戈尔曼在《情商》一书中说道:"人类的智商对于成功的帮助只有20%,其余80%则来自其他方面,其中包括情商。"

改变一下,也许你就能提升幸福感。

我们只能简化忙碌的生活,才能享受幸福,而且并不会影响我们成功。

什么对我有意义?什么带给我快乐?我的优势是什么?

真理与金钱——卢梭的拒绝(拒绝诱惑)

法国伟大的思想家卢梭年轻时只身闯荡巴黎,他创作的歌剧《乡村占卜师》大获成功,国王观看后给予了很高评价。

第二天,使臣来到卢梭的住所,宣布国王要赐给他一份年金。当时卢梭居无定所,入不敷出,有了一份国王赐予的年金,就等于有了一份有保障的固定收入。卢梭面对这天大的恩赐,却断然拒绝了。

他为什么拒绝这天大的好事?后来,他在《忏悔录》里写道:"那笔到手的年金,我是丢掉了,但是我也就免除了年金会加到我身上的枷锁。有了年金,真理完蛋了,自由完蛋了,勇气也完蛋了,从此以后,我就只得阿谀奉迎,或者噤若寒蝉了。"

食人俸禄,就要为人谋事。卢梭拒绝了国王,却保持了精神的独立和自由,这是使他成为一个伟大思想家的根本所在。

从阴影里走出来,跌倒后要站起来

电影《逃离德黑兰》获大奖,获第85届奥斯卡最佳影片,风头胜过《少年派》。电影的导演、主演兼制片人本·阿弗莱克的人生故事也精彩曲折。15年前,26岁的阿弗莱克就凭借电影《心灵捕手》站到了奥斯卡领奖台上,一时春风得意。阿弗莱克后来因酒精和药物缠身,致使口碑一路下滑……现在,阿弗莱克向世人证明了他的东山再起,证明了他战胜挫折的勇气和坚韧。

做人学水,做事学山

全国著名的新东方教育老板俞敏洪谈做人做事:
做人像水,做事像山。
做人尽量往低处走,让着别人,遇见利益和名声尽可能往下退。
做事一定要有自己的主见和目标,像山一样挺立在那儿,才能把事做好。

空谈误国,经济学家的乌龙球,理论与现实

一位美国著名的华尔街的财经专家说:经济学是一门伪科学。在经济学界这个江湖中,三山五岳门派林立,如供给学派、货币学派、凯恩斯主义、新自由主义等,对同一病症常常开出截然不同的方子,对象是活人的话早医死几回了。

1975年,两位经济学家分享了当年诺贝尔经济学家,他们合著的论文是《资产分配的最优理论》,这两位大家号称根据他们的理论投资就无往不利。当时有记者问:你们可以用奖金来证明自己的理论吗?两位大家自信地宣称:我们正准备如此。后来,很快他们将奖金亏光光。

无独有偶,1997年美国两位经济学家共获诺贝尔奖,获奖后,二人组建投资公司。不幸的是,他们屡战屡败直至关门。

对美国经济影响巨大的美联储前主席格林斯潘,在进入美联储之前,开办一家股票投资公司,赔了几百万只有洗手不干,从此专心经济理论研究。

上课时被赶出教室

快要高考了,英语课上,老师检查作业,发现包括你在内班里五位同学都没有认真完成作业,老师很生气,把你们赶出了教室。你说,当时全班学生都感到诧异,被罚的全是成绩优秀学生。

孩子,老爸支持你!你英语学习情况,我了解的,英语成绩优秀,坚持自己的学习方法,你没有错,英语学习不是简单做题目。老师作业设计得并不好,没有理由强迫学生完成作业。高三学生,要有学习自主权。老师端着架子,罚学生很不应该。即使学生有问题,马上高考了,也要给学生面子,不应该大动干戈,委婉说一句,适可而止。值得庆幸的是,另有四位同学陪你一起,同时他们也都是成绩优秀者,这样你的压力小多了。

后记

高考成绩揭晓,你的英语成绩是全校高分,也是你各科目中最好成绩。事实证明,你的学习方式是科学有效的。

高考前20天必须要看的王金战老师12条建议

我买过多本王金战老师的书,家庭教育方面的。

高考前一个月,王金战给某中学即将参加高考的学生做了一场题为"踢好临门一脚"的报告,报告结束,全体同学用雷鸣般的掌声表达了对这场报告的充分认可,好多同学会后感觉,只要按王老师的建议做下去,最后的一个月至少还能提高20分。现将讲稿录音整理如下:

(1)充分认识考前一个月的重要性。

我带高考这么多年,我的体会是:考前一个月是提高分数的黄金时刻,要充分认识这一个月的重要性。有很多同学高考失利,在很大程度上可能就是因为在最后一个月出问题了,结果败在了最后。

(2)最后一个月它是个黄金时刻,最后一个月也是几乎所有的考生都会心态浮躁、"心理变态"的时刻。

几十年带高三的经验告诉我,几乎所有的高考学生,都会有一种体验,越是关键的时刻往往过得越艰难。现在全国的高考考生按理说到了最后一个月,这么关键的时刻应该争分夺秒,应该不顾一切,但是事实上越是到了最后一个月都不想学了,这时候,跳楼的开始增多了,浮躁的人越来越多。同学们的机会就恰好在这儿。什么机会?众人皆昏睡,唯有我独醒。当你的对手都昏昏然,飘飘然,不知所以然的时候,我们要把心思收回来,踏踏实实过好每一天,我们便能在关键的时候超越我们的对手。我当班主任,平时不怎么重视,但最后一个月我瞪起眼来了,平常那么多的考试,那么大的压力,谁不学。到了最后一个月,没有什么大型考试了,学生的自由时间越来越多了,不知道该咋办了,所以这是第二点,抓住机会,我们的竞争对手都"变态"了,我们这个时候是超越别人的最好时刻。

(3)有句话:心如止水,宁静致远。这是学习的最高境界。

背负着太大的压力,脑子里考虑学习之外的事太多,都会严重影响学习效率的。一共30天,要一天一天度过。怎么过呢?每天要做到:心态平和、目标明确、重点突出,便是最有效的学习。我可以较长时间不学习,但我学习的每分每秒都必须是高效的。因为大家都开始浮躁,按都按不住。几乎大量的时间是自由的,老师讲课越来越少,那么当我把这个时间给你的时候,其实你有很多的事要干,但干不下去了,怎么办?每天学习之前来一个自我提醒:我要学习了,哪怕就学半个小时,一定要做到全心投入,四大皆空,心无旁骛。每天这样一个暗示,你一旦学起来,效率就高多了。我可以就学半个小时,但我要学就学它个踏踏实实,学它个全情投入,我今天要干个啥,不是说整天昏昏沉沉,睁开眼睛没事干,做题吧,不是那样的,每天都有一个明确的目标,然后重点突出,便是一天的最佳风光。

(4)考前暴露的问题越多,你的胜算就越大。

每天兴奋在对问题的发现中,陶醉在对问题的解决中,如果每天都不能发现问题,每天都遇不到问题,每天都是那些熟悉的题目,复习来复习去肯定不行。考前暴露的问题越多,你的胜算就越大。所以,每天应该兴奋在对问题的发现中,陶醉在对问题的解决中。

(5)何为成功?当别人都坚持不住的时候,你还在咬牙坚持,这就叫成功。

关键时候,最需要的就是这样一种品格。关键时候,拼的不仅是你的知识,不仅是你的基础,更重要的,拼得是你的一种心态,一种顽强到底的心态。所以,高考不仅是考知识,还是考命运。命运掌握在自己手里,两强相遇勇者胜。

(6)考前要适度锻炼。

适度到什么程度?每天最好保证一个小时。因为越是临近高考,同学们的精神负担就越重。不光是你,所有的参加高考学生都是这样的。越是临近高考,心理负担越重,学习效率越容易下降,甚至身体抵抗力严重下降。过去感冒可能喝杯开水就好了,现在这一感冒,由于精神压力大,可能就会转化成更严重的病症。所以,以后这一阶段身体是病不起的,是得不起病的。那么,要想避免这些"悲剧"的发生,最好的办法就是锻炼,锻炼的最好方式就是跑步。如果你觉得心烦意乱,那就跑步吧!如果你觉得学习效率低下,那就跑步吧!如果你觉得睡眠开始出现一些不希望的变化,那就跑步吧!身体疲劳,睡眠的效率就开始提升,身体也就强了。面对同样的挫折,你身体强壮了的时候,身体耐受力就强。但你身体比较脆弱,稍微有点烦恼,就会成为一场灾难。所以,考前锻炼要和学习一样去抓。每天争取一个小时的锻炼,不是学校给你安排,你好多的空余时间可以用来锻炼的。自己想办法,都到了这个份上了,都这个年龄了,还需要别人督促你一定要锻炼吗?它的重要性不言而喻。

(7)要适度交流。

同学们和老师们相处了一年,越是寒冷的时候,越要求我们要抱团取暖,共同抵挡这个严冬。

关键时候已经到来了,这个时候最要求我们同心协力为对方提供正能量。这个时候有什么烦恼跟同学聊一聊,可能会缓解心理的压力。跟老师沟通一下,可能会大大地舒缓学习的焦虑,不一定要聊一些多么深刻的事情,多说一些接地气的、充满正能量的话,这个时候最要求同学们和老师们之间要加强这方面的交流,但是要适度,一聊聊一个小时,还想继续聊,时间来不及。但是适度的交流是提高学习效率、舒缓心态压力的有效方式。所以,希望大家都要不离不弃,我们一直坚持到高考。同学们都有这样一种体会,一个人坐在空空荡荡的教室里学习,和七八十个人坐在一起学习,那个气场是不一样的。如果同学们都在学习,你一个人在那个地方玩,你看周边的同学都在聚精会神地学习,你会迅速收心的。但是大家都在玩,就你一个人在学习,那你这个学习也很难继续下去,所以学习讲究一个场,一个氛围。那么,关键时候需要每个同学发挥你的正能量,大家相互鼓励,共同相互提示,使得我们这个学习的氛围,这个团队精神能一直坚持到高考,这样为全班同学带来共同的提升。

这个时候讲求个人奋斗是很难的,因为周边乱糟糟的,你一个人在这样乱糟糟的场合下,你很难独善其身的。所以,一个人的公共道德如何,一个人的个人修养如何,在这最后的一个月你在班里的表现是完全可以定义你的一生在同学心中的印象。如果最后一个月你不顾别人,不顾班级,光考虑自己,我想干啥就干啥,而全然不顾班级全体同学关键时候的利益,就这样的一种表现,基本上就证明了你是一个自私自利的人,就是一个任何时候不顾及集体的人,这种人其实很难有什么作为的。所以,清华大学的校训说:厚德载物,自强不息。一个人只有具备厚重的品德,才能承担起社会的重任,才能有所作为。什么叫厚重的品德? 关键时候你老是把自己的利益看得比什么都高,这种自私的人,他是无德的人,是永远没法成事的。

(8)重点突破,横向突破。

什么是重点突破? 就12个字:高考必考,看似会做,经常出错。就在这样的题上进行集中打击,集中优势兵力,你每一个学科都有这样的问题。所以,你得学会学习后的反思。你想想,我如果数学现在是120分,我要高考得130分,这30天完全来得及的,那么你要提高这10分,这10分在哪儿呢? 就在高考必考,看似会做,经常出错的地方。你只要突破一个点,这10分就上来了。所以,要重点突破,还要横向突破。所谓横向突破,什么意思？同学们手里都有今年各地市模拟试卷汇编，或近几年高考真题、原题汇编，我今天有时间，挑出六个三角函数的题目来，六个三角函数我只要挑出来了，无论它面目多么陌生，因为三角函数不会出难题，顶多面孔陌生一些，无论它面孔多么陌生，只要挑出这六个题目来了，我必须把这六个题目拿下，所谓拿下，就是得满分了。那高考的时候你的心理优势便有了一个大的提升。你就知道高考只要出三角函数的题目，我肯定能解决的，这是自信心的提升，第二天我有时间再挑六个概论统计的题目，别光挑自己熟悉的，高考不会因为你熟悉就出吧，所以可以找旁边同学给你挑，同学给你挑出来了，你一定要把它拿下，你想想，在高考数学里的那六个大题，如果你每个题目都横向做它六七个题目，而且确保得满分的话，面对高考题你心里不就踏实了吗？自信心就培养出来了，所以叫重点突破、横向突破。

（9）回扣课本。

回扣课本并不是看课本，这个时候看课本是看不下去的。虽然看不下去，但高考前确实需要对课本的易错点、难点、重点进行有效的把握。那怎么办呢？第一个办法就是做题。课本上重要的知识点都有例题。什么叫例题？例题有两大作用，第一，所谓例题，就是这一部分最典型的题目，它必然是高考必考的，这是例题的第一个作用。第二，例题的后边都有详细的答案，那个答案是非常讲究的，多一个字、少一个字都不行，它就告诉你高考必考的题目它的评分标准，它的规范化的表述是什么。那么，同学们如果拿过一个例题来，别去看，一看都明白，把书合上，自己做一遍，做完之后，再和答案一对照，所有问题都暴露出来了。如果说这句话课本上有，你这儿没有，这肯定是出现意外了，出现遗漏了，就有可能被扣分。如果这句话课本上没有我这儿有，那是废话。只要不是骂人的话，废话多一点、少一点一般不会被扣分的。但该说的话没说，这个就麻烦了，比如说，数学上的概率统计，概率统计是高考最容易扣分的一个点，高考阅卷发现，很多同学就写了三个排列数放在上面了，你想，你不给他扣分都对不起自己的良心。概率统计严格说是应用题，应用题对步骤要求是很严的，第一句话怎么写、步骤怎么写、怎么结尾，它是很讲究的。但是很多同学就弄了3个排列组合数放在上面了,什么都没有,它能不被扣分吗?

怎么避免被扣分?你就看看课本上其中的几个概率统计的例题。虽然例题内容各不相同,但是说法都是一样的。你一训练,就知道格式化的语言怎么表达,就能减少很多的丢分。

比如说立体几何,立体几何也是极容易扣分的一个地方,大家觉得做得很完美,实际上到了高考的时候,这儿被扣一分,那儿被扣一分,这种情况完全可以通过考前一个月训练解决的。比如说线面垂直的判定定理,它的汉语言表达是:如果一条直线和一个平面内的两条相交直线垂直,则直线和平面垂直。这个定理,高考一般要用的,可是这个汉语言的表达它没多大意义,真正高考用到的是一个符号语言,这个定理它是五个条件推出一个结论,哪五个条件?竖着的那条直线是a,躺在平面内的两条相交直线是b和c,平面是α,b和c相交一个点A,它的表达是5个条件:$a \perp b$,$a \perp c$,b在平面α内,c在平面α内,b和c相交于一个点A,五个条件推出了a垂直于平面α,你要漏掉其中一个,便被扣分,所以课本上定理中写的明明白白。

比如说直线和平面平行的判定定理,它的汉语言表达是:如果平面外的一条直线和平面内的一条直线平行,则直线和平面平行,但这个没多大意义的,它的符号语言是几个条件呢?注意,平面外的直线是a,里面这条直线是b,平面是α,那么它是3个条件推出一个结论。第一个条件:a在平面α外;第二个条件:b在平面α内;第三:a和b平行,则a平行于平面α,如果漏掉一个条件,肯定被扣分的。我们参加高考阅卷发现,最容易漏掉的条件是:a在平面α外,有的同学自以为是,它明明在平面α外,我还要写它干啥?课本上就这么要求的。所以,同学们注意:高考考四大能力,第一个能力叫逻辑推理能力,逻辑推理能力一定要有步骤分的。学会说话、学会表达这叫逻辑推理能力。第二个能力叫计算能力。所以在高考中一定要考察你的计算能力的。这个计算能力最突出的出现在解析几何,所以解析几何的题拿过一个题目来,最后出现一个二元二次方程,有a^2、b^2、x^2、y^2头都大了。高考要考计算能力的,遇到那么大的计算,你能回避吗?它承载着一个很重要的能力,就是计算能力。所以,必须要突破这个心理障碍。第三个能力叫空间想象能力。空间想象能力的载体就是立体几何,所以,高考肯定要考立体几何这个题。最后一个能力叫综合能力,综合能力包含着应用能力,包含着难题等等。高考怎么考,我们就得怎么应对,你不能凭自己兴趣、爱好,对自己喜欢的题目难舍难分,高考不考,你不是自作多情吗?所以,回扣课本第一个是做例题,第二个办法,讲给老师们听的,每到高考前,数学老师聚在一起照着考试说明详细地开一次研讨会,一个知识点一个知识点的研讨,我们最后经过分析列出一百多个知识点,里面哪些地方学生最容易出问题,把这些问题标出来,然后根据这些问题给它组合成一些小的概念题,这个概念题最后组合成100多个,概念题看似简单,一做就掉进去了,掉进去你就出事了,所以,最后学生数学做完这100多个题目后,都会摔很多跤的。许多学生一做就出错,出错后就会考虑错在哪儿了,就抓紧回去找课本根源,所以,这样一个心理效果非常好,也减轻、解决了学生看书看不进去、不愿意看书的一些问题。我们老师可以以这个为基础,各个学科在考前要开一次研讨会,顺着考试说明把各个可能出错的知识点,一个个标出来,然后组合成一些很"阴险"的题目,考前发给同学们做,同学们做了以后一定要注意摔倒了偷着乐,摔倒了说明一个陷阱又出来了,然后抓紧时间回去看课本——考前的回扣课本抓好这两条就可以了。

(10)要顽强得分。

一定要注意,我参加高考不是为了做题来的,而是为了得分来的,为了得分,我可以不择手段。抱着这样一个观念,我易人易,我如果感觉容易,别人也感觉容易,拼得就是一个细心。我难人难,我要觉得难,别人也觉得难,拼得就是一个顽强。大家都难的情况下,大家都不会做,看的是得分。所以,不会也能得三分,这是一个科学。

举个例子:全国高考题最后一个大题,这个题是:给你一个很变态的无穷数列,很难看,带着根号,带着对数,然后问:是否存在一个 M,使得这个数列的所有项都小于等于这个 M。如果这个数存在,请把它求出来;如果不存在,请说明理由。

这是全国高考题最后一个大题,14分,没看题照样能得7、8分。先说这个数是否存在，它肯定存在，如果不存在的数，怎么把握标准。就写两个字：存在，3分就得到了，这是高考定的标准。要想得7分也很容易，怎么得？同学们想一想，一个无穷数列，如果它的所有项都小于等于一个常数M，你说这个数列是递增还是递减？肯定是递减。注意：所有的项小于等于那个常数M，是不是就等价于最大的项小于等于那个常数M。递减的数列最大的项是第几项？第一项。OK，7分得到了。这样的题很多。

这个题得满分也有可能，就是证明这个数是递减的。证明一个数列递减的通性通法，高考考通性通法，淡化特殊技巧，但是用古怪的方法解出来的肯定不是这个高考题希望的方法。无论使用什么方法，只要解对了，肯定给分的。同学们训练的时候不要考虑找些歪门邪道的方法、离奇古怪的方法，那个不符合高考的路子的，还是追求通性通法。要证明一个数列是递减的数列，它常用的方法是证明an+1-an＜0，你别看an很复杂，但你再列个an+1，两个回头一减，主力部队全火并了，幸存者没有几项了，但一定要注意，剩下的一两项你就鼓捣它，叫它小于0，弄不了小于0，怎么办？多说废话，只要不是骂人的话就行。一般高考怎么阅卷？高考拼到最后那个题，幸存者就不多了，就没有几个说话的了，连个字也没有，高考最后那个题很好批了。如果遇上一个说话的，而且还说了这么多，阅卷老师倒吸凉气，今天遇到高手了，这家伙怎么说这么多话，更重要的你说的话他竟然看不懂，他不敢轻易给你判，你稍微蒙混一下，让它小于等于0，这个题就得满分了。

所以，顽强得分，过去没讲这些办法，最后还有一个月了，咱可以不择手段一次。同学们要记住：我参加高考不是为了做题而来的，我是为了得分来的。为了得分，我可以不择手段，就要有这样一个观念。

一个题大家都不会，那就看谁多得分了，你别想把它做出来。一个题只有做出来才能得分吗？不是这样的。那年高考题最后一个大题，看完以后就像一篇小说一样，看完后头都大了，脑子都转不动了，求一个结论，你把这个"已知"改成"因为"，把条件列一遍，3分得到了。因为高考有个规定，每个题目的难度系数不能低于0.2，得分率不能低于20%，如果全国考生都得0分，这个题是不是一个混账的题目，它再好也是一个废题。没有区别度,高考严禁出这样的题目,出现这样的题目,要追究命题人的责任。所以,不会也能得3分是一门科学,不是投机取巧。平时考试可以不练这些题目,但到了大型考试一定要注意,不会我也要得它3分,单纯为了得3分,你突然发现你的心态平和了,一不小心,把这个题也解决了。

(11)要先易后难。

高考的时候,要先吃肉,后啃骨头。最难的题目一定要放到最后,高考20%的难题有30分,一般出现在选择题的最后一个题,填空题的最后一个题和最后一个大题。那么,我们可以设想,最后一个选择题一定是很变态的,我越过去这个题目,立即进入一个平缓的填空题,第一个填空题肯定是迎刃而解的,最后一个填空题肯定很难,迈过这个台阶马上进入一个三角函数的平缓地段,当我们心情好的时候,精力充沛的时候,应该用在比较容易得分的题目上。如果你精力很好的时候,冷不丁遇到一个障碍,遇到一个难题,把你折磨得死去活来,情绪就不好了,再做后边简单题目也就有点发蒙了,所以在情绪最好的时候,在容易得分的地方去投入精力,相对难的题目,适度回避一下,叫我说最后一个选择题压根就不应该做,最后一个选择题:放;最后一个填写题:放;然后进入三角函数这个题目,概率统计、立体几何,把这些该做会的做会了,把最后大题放了它,你这不就130分得到了。130分得到了就保底了,就考上一本了吧。然后回过头来,解决一个就是北大、清华,得了就赚了,得不了是正常的。结果有些同学必须从一而终,遇到山我得搬了它,发扬愚公移山的精神把它搬走,两个小时你能搬走一座山吗?最后你什么也得不到。所以,回避了它,但又好像我不做过去心里不踏实。你不踏实,高考30天就练习你的这个心态,把它放弃的时候你就心安理得,就练这个心态。

(12)不要寄希望于高考的超常发挥。

高考四科,有两科发挥得好一点,有两科发挥得差一点,加起来就是你的实际水平。不要寄希望于每一科都超常发挥,谁都做不到!

我那年陪着我孩子高考,我是要看孩子的脸色的,我要备课的,今后老师们陪学生高考,你得要备课。备什么课呢?你就看学生的脸色,如果这个学生出来一脸的阳光灿烂,你该说说。如果一脸的痛苦不堪,你该说说。这个时候不能乱说话。你看有些家长陪着孩子高考，看见孩子一脸的痛苦从考场出来，"没考好吧!"，其实这句话是很不该说的。这个时候说这些话干啥。"是没考好是吧"，"没事啊没事"，你说了20遍"没事"，他能没事吗？早干啥了？这个时候这句话应该是越短越好，一语惊醒梦中人。

我给我孩子提前备的课都用上了。考完语文，一脸的阳光灿烂，兴奋的，今天的作文竟然写完了。过去我那孩子，作文从来写不完的，和我说着说着就找不到回家的路了，这次作文竟然结了尾了。她的语文老师告诉她，你的语文你别讲究别的，你把它写完，作文就能得高分的。她终于写完了，兴奋一场，十多年，好不容易兴奋了一场，得让她兴奋兴奋。我看10多分钟了还兴奋，兴奋过头了会影响下一场考试的。我就告诉她，你现在最应该干的事情是忘掉上一场考试，忘掉上一场考试的最好的办法，就是抓紧投入到下一场的复习中，下一场的材料我给你带来了，看吧。我孩子拿起下一场的材料就开始看开了。她可能看不进去，但她已经开始了兴趣的转移，这是语文。

结果考完文综出来一脸的苦楚，那种苦楚还不如哭一场，那种欲哭无泪是痛苦的最高境界。我一看，知道是没考好，然后跟我讲："老爸，下午还有一场英语我不想考了"，我说："为什么?"她说："这次文综我考得特别差，特别惨，你都不知道惨到什么程度，下午不想考了，我想放弃今年的高考。"你看，都崩溃了，我跟你讲："高考四科，正常情况下有两科发挥得好一点，有两科发挥得差一点，加起来才是你的实际水平，你昨天的两科都考得很好，正常情况你今天这两科都应该考差，你只考差了一科，最后还有一科，如果下午这科你发挥好了，3:1，你今年肯定超水平发挥了。我问你，平常的考试有没有四科超常发挥过?"她说："没有"。"平常都做不到的事，为什么要在高考的考场上要做到，这是不可能的，谁都做不到! 有本事把下午那一场考好它，肯定是超水平发挥的!"我孩子突然悟过来了，"对啊，3:1! 好! 下午我跟你拼了!"你看，那都杀红眼了，下午红着眼睛去考英语，结果英语发挥得特别好，总分一出来，结果总分是历史上在班里排名最好的一次。所以，同学们参加高考，一定不要寄希望于超常发挥，正常发挥就是超常发挥，因为你正常发挥，大部分人都发挥不正常，那你不就超常了吗？

利用今天这个机会，给同学们提了 12 条建议，最后，我做一个结尾：哈佛大学校长说过这样一句话：一个人成功的大小，并不是和别人比你做得怎样怎样，而是和自身的潜能比，你做得怎样怎样。我们同学们已经走到今天了，我们不要去跟别人比，我们就想我们还有 30 天，在现有的基础上，我能不能再多得 20 分，我能不能再多得 30 分，如果能够得到，我们一定无悔于人生，无悔于高三的，所以，在自身潜能的基础上，我们只要有了一个大的提升，我们就算是成功人士。在成功的道路上并不拥堵，你自己不努力，谁都救不了你。希望同学们在挑战极限、激发潜能的过程中，让自己的唯一一次青春能不能有一次绽放的亮丽，有一次绽放的快感，为我们的一生留下永远、美好的回忆！

面对高考不焦虑
——"清华"只是人生重要站点之一

过两天就要高考了，在中国高考大战即将拉开帷幕之际，给考生和考生家长聊一聊。

几年前，我孩子面对高考也有紧张。我告诉孩子，适当的紧张对考试发挥是有利的。我为孩子学习问题而焦虑，那是十年前了，是她上初中六年级第一学期的事情。当时孩子回家作业很多，没有了弹琴时间，睡眠时间不足，我为她的身心健康而担忧。女儿读小学时，全班十几名考试成绩有过，有过英语学习的问题，但我不紧张不焦虑，一直对孩子学习有信心。

多年来，陪伴孩子有许多感悟，其中想强调的是我们对高考的观念。

合理的观念可以帮助我们降低对高考的期望，从而降低对高考的焦虑。一方面充满信心走进考场，另一方面，明白高考不是天大的事情。当时我孩子要上有名气的 985 大学。我就给孩子强调：凭实力正常发挥，是可以考上理想大学的，我们有信心；退一步说，有特殊情况，上不了心仪的大学也没关系，不可怕。

大学其实就是学习的地方，关键是你在大学里学习如何，表现咋样。

人生就是一个爬山的过程，大学只是一个重要站点。一个人暂时达到什么高度，短期风景有多么美好，上什么样大学都不是特别重要，重要的是水到渠成，持之以恒，看长期累积的结果。后来，孩子读大学时，亲子共同读了台湾彭明辉教授的书，书名是《生命是长期持续的累积》。

几年前，我写过一篇短文——《清华只是人生站点之一》，是想强调，人生站点很多，清华是很好的站点，但不是不得了的事情，不是顶尖大学也没有关系，人生之路还很长。高考顺利上了清华北大，将来也未必辉煌。如果高考不顺，你有凌云志，不是顶尖大学你也可以成为顶尖人才。这一站没有如愿，下一站到清华读研读博也很棒啊。

家长和孩子有了上述观念，就会降低焦虑水平。现在很多家长面对高考，表现得比孩子还要紧张，家长这样负面情绪要化解要克制，尽量给孩子积极影响。在高考分数公布时间，不少的家长带着孩子急匆匆地第一时间查询分数，甚至有家长通过关系提前一天知道分数。这是缺乏信心和勇气，患得患失，这样心态要不得。亲子关系良好，对孩子考分要有大概的判断，高几分低几分无关大局，要有一份平常心。再者，今天的分数，是高中三年学习的成果，甚至是更多时间学习的结果，再着急上火也是毫无意义。分数不高也要积极面对，无论是选择第二年再次高考，还是选择走进大学，鼓励孩子加倍努力坚持不懈，积极投入下一段旅程。分数高，可喜可贺，鼓励孩子自信地踏入大学校门，规划好大学的学习。

我孩子高考后，该做什么做什么，一切如常，学习看书弹琴锻炼身体，有条不紊。七月份，我一般是每天晚饭后七点半陪孩子锻炼一小时，八点半回到家。到了高考查分那一天，晚上八点查分，我们一如既往地外出锻炼，八点半回到家，这时，我们打开电脑查分，看到分数，孩子很高兴，我也为孩子而高兴，总分和我预想的很接近。知道分数了，我们就知道录取所期望的大学就没有问题了，胜券在握。

高考是孩子一生一个重要站点，比以前（中考）站点影响大一点而已，孩子未来还会面对很多挑战和机遇。家长首先不焦虑，多鼓励多陪伴孩子，更有利于孩子高考的发挥，孩子高考就会更顺利！

后 记

高考三加一科目

满溪柳高考选了加物理,高考成绩揭晓,物理成绩最低,最后录取了同济大学,而她所学的专业是文理兼收的。

在她高二选文理科时,我就说学文科也是可以的,选物理可能会难一些。但是,我尊重孩子的选择。假设孩子选了文科,高考分数可能会高许多。

高考前,我就给孩子说,大学就是一个学习的地方,名牌大学固然可喜可贺,但四年下来,你有咋样的收获主要靠自己。

第三章　把握大局，学会平衡

　　孩子读大学了，家长还是要适当关心，关心生活关心学习。我女儿大学四年，有几件重要的事情，我都积极和她一起面对：在大学一年级4月份之后，面对选专业的问题；在大二时，参加上海市大学生创意创新大赛；大三时，有到国外名校交流学习的问题；大四时，选择读研还是工作的问题，以及撰写毕业论文的问题等。我和孩子一起探索"把握大局，学会平衡"。在此，分享与孩子生活、学习有关的故事和思考，供家长朋友参考。

> 三更灯火五更鸡，
> 天人合一日落息。
> 春晚狂欢不眠夜，
> 佳期一年方珍惜。

第一节　大学成长阶梯

大学刚入学时：

满溪柳自己在网上搜集了"大一攻略"。

关于学习的关于生活的,特别详细。

"非诚勿扰"嘉宾悔婚被判返还宝马车

不要看表面,什么学得好不如嫁得好,什么自行车上笑不如宝马车里哭,不要被迷惑啊！

宝马车里哭过之后,还要请你下车的,那车还不是你的。

先把眼前小事做好

《生命时报》记者采访了3位权威家庭问题专家,总结指出中国式家长的十大"硬伤"。其中有：

（1）动辄体罚。（2）一味溺爱。（3）物质刺激。（4）只养不教。（5）意见矛盾。

孩子上大学了,一年级,寒假考试绩点很高,优秀。

据说全校专业都可以选择,想换就换。

最近,了解到孩子水果都吃不好,于是给孩子发了短信。短信如下：

孩子,先把自己的日常生活计划好管理好,先把眼前小事做好！

事小意义大！ 所谓远大理想美好前途那都是从当下起步的！

人脉,朋友

多认识朋友无可厚非,但不要成为社交动物,要尽可能多地把时间花在提升自己与思考上。

与孩子谈名牌大学优秀学生

大学是人生黄金时间，也是容易掌控命运的时间。大学通常是简单的，一分耕耘一分收获，在重要课程上多花一些时间会收获很多，自己会有更多的机会。

大学毕业工作了，社会要复杂很多，投入与回报常常不成比例。希望孩子珍惜大学学习时间。

如何看亲情、爱情和友情

昨日，学生问：如何看亲情、爱情和友情？

我说：亲情是血脉，爱情是美酒，友情是糖水。

亲情才是一生一世，无法改变。

爱情会给我们最美好的感觉，希望是一生一世，其实不是；爱情是美酒，要用心酝酿，方收获醇香。爱情的美酒，也会醉而伤人。爱情最好的归宿是转化为亲情。

朋友就是一起走而又感情好的人，不同阶段可以有不同的朋友；无友，人生旅途会孤单心累，如无糖之水，淡而无味；朋友太近，糖水则会甜而腻。

写给孩子：多一些专注，少一些浮躁

当今社会普遍存在的问题，大学生这方面问题会更为突出。

优秀的人要管理好自己时间，减少干扰主要是来自自己的干扰，是自己难以抵制花样繁多的诱惑，集中时间和精力把重要的事情做好。

有限时间多做有益之事

今天明确给孩子规定：一周七天，发微信看微信不得超过十次！微信，好玩又流行的东西，肯定诱惑很多，但是浪费时间伤害眼睛，得不偿失。

大学生集中时间、集中精力提升专业实力才是第一位。孩子，希望你有时间弹弹琴打打球，少一点微信网络之类眼花缭乱的东西为好！

情绪ABC

心理学里的情绪ABC，说的是一个人的情绪是由一个人的信念观念决定的。这应该是现实生活的一部分。一个人的情绪态度，有内在因素影响，与他一贯的行为模式有关，与他先天遗传和后天环境影响有关。

多数家长中考高考焦虑，这是情绪C表现，行为后果，表面上是由于中考高考事件A引起的，其实不是这样。面对同样事件，少数家长却没有焦虑情绪。那是因为不同家长对中考高考观念B不一样。家长爱学习爱思考，有科学合理家庭教育信念和实践的，亲子关系良好，长期对孩子有鼓励有信任，就会对孩子考试充满信心，同时也不会对孩子有过高的期望，这样的家长就会坦然面对孩子考试，淡定不焦虑。

重要的事情争取第一时间完成

前几天，周六晚，孩子为赶任务写作业，熬到夜里12点。

我为孩子时间安排不合理而生气。在第一时间，上人人网发微信甚

至看鞋子购物，却把重要任务拖延不理，最后给自己和家人造成被动。我和孩子商量解决办法。

利用好日记本，每一天安排好计划，写出一天必须完成的事情，一周要完成的事情，重要的事情争取第一时间完成。养成学习和做事情一个好习惯。

也说高考作文

昨天中午，孩子关注全国高考作文题。孩子说，湖北考题没意思。那个题目说的是：登山者在山脚半山腰问别人，山上风景如何，有人说好看，有人说不好看。到了山顶，有的人说好看有的人说不好看。由此写出你的想法。

我感觉，做事情重要的是要倾听自己内心的声音，不必太在意别人的说法，别人的只是参考。不纠结，为自己负责。这样写就好。

小事不小，第一时间处理最好

最近，孩子说宿舍里的水电费，四个人的，别人都缴了费，她没有缴。已经有人告诉她要缴费了，她还是没有积极处理，说让别人代缴。快一年了，钱虽然不多，三个室友是什么感觉？

小事，许多时候可能真不是自己所想象那么简单。自己以为是小事，钱不多，以后再说。但别人可能会想，爱占小便宜。

小事，简单，那就第一时间处理好。

转：南风窗

【观点】教育的最终目的不是传授已有的东西，而是要把人的创造力量诱导出来，将生命感、价值感唤醒。唤醒，是种教育手段。父母和教师不要总是叮咛、检查、监督、审查他们。

孩子们一旦得到更多的信任和期待，内在动力就会被激发，会更聪明、能干、有悟性。——斯普朗格（德国教育学家）

三清山旅游

三清山是道教名山,5A 旅游景区。

山上的天是娃娃的脸,说变就变。

一行十多个游客,爬到三清山一处较高的地方,准备午餐。我们说,餐桌摆在外边,没有太阳,吃饭看风景。

老板说,马上要下雨了,在屋子里好。

队伍中有两人说不会下雨,没有风,又强调谚语山里天气猜不准。我说,让事实检验吧。

当然老板所说更靠得住。我们午饭还没有吃完,天果真下雨了。

平原不知山雨时啊!

过程和结果都重要!

巴西世界杯,2014 年 7 月 9 日,让广大球迷最难忘的恐怕就是巴西被德国打得惨败,惨不忍睹!

巴西输球这一结果,大家不意外,大家意外的是输球那个过程,是 1∶7 输球的过程,甚至是 0∶5 这样一个难以置信的过程。有的人强调说,我只重视结果,过程、方法不管。我认为,你这是要求较低。这是只顾眼前不问长远的理念,甚至说这是赌徒理论。

巴西世界杯,7 月 10 日,阿根廷与荷兰点球大战。阿根廷门将梅罗梅表现神勇,扑出了第一个点球。他非常激动,庆幸自己成功了。后来梅罗梅又一次扑出点球,帮助阿根廷队战胜对手,进入决赛。过程是有意义的,一个小阶段的胜利也是可喜可贺的,对自己奖励一下,为自己增强信心,为下一阶段做好准备。如果失利了,遭遇挫折了,总结调整一下,成长起来。

苏东坡总结人生赏心十六事

清溪浅水行舟;微雨竹窗夜话;暑至临溪濯足;雨后登楼看山;柳荫堤

畔闲行;花坞樽前微笑;隔江山寺闻钟;月下东邻吹箫;晨光半柱茗香;午倦一方藤枕;开瓮勿逢陶谢;接客不着衣冠;乞得名花盛开;飞来家禽自语;客至汲泉烹茶;抚琴听者知音。

读书有感

孩子,在你推荐下,我买了那本书(《少有人走的路——心智成熟的旅程》),也认真读了,虽然读过很多心理学专业书,但是读了这本心理学通俗读物,感觉还是很有收获的。

该书是美国心理学家斯科特-派克所著,居《纽约时报》畅销书榜单近20年。本书探索了爱的本质,引导我们过上崭新、宁静而丰富的生活;帮助我们学习爱,学习独立;教诲我们成为更称职的更有理解心的父母。

畜牧局局长做教育未尝不可。

网上热炒某地新任教育局局长原来是畜牧局局长。

我们的教育二十多年时间却在应试教育道路上一路狂奔,小小少年被学校老师和家长无情折磨,学习到深夜,身体素质下降,二十年持续下降,眼睛近视等等。

孩子远远比不上狗啊！教育局局长如果对孩子像对宠物狗一样爱护

有加,那将是孩子的幸运!

我认为局长有爱心、校长老师有爱心远比他的知识背景重要!

大学生要不要学好英语?

孩子是大二学生,985高校。很忙。可能有半个月没有学英语了。

我问孩子:要不要出国交流? 想不想读研究生? 找工作的话,英语好是不是有优势?

三个问题想明白了,就知道要不要学好英语了。

忙,没时间如何学英语?

——每天看半个小时至一个小时英文原著。时间紧张就看英文小说,有时间就看与专业有关的英文原著。

俞敏洪:中国教育越走越偏

他认为教育之道在于要培养什么样的人,就是以良知、理性、仁爱为经,以知识、科技、创新为纬,造就新一代人格平等、思想自由、精神独立的国民。

学会为自己鼓掌!

孩子大二,做班长。周末回来。

——班集体活动,有的同学表现抢了你风头,你不舒服。

——班长是组织者和服务者,每一个活动会有不同的"明星"。

我们要学会欣赏别人,学会为别人鼓掌。

——要自信,看到自己的优势,弹琴打乒乓球别人比不了,功课自己也领先。

也要学会为自己鼓掌!

"人玉合一"

常言道：人养玉三年，玉养人一生。

上海外滩踩踏事件令人痛心

从小的方面讲，我们家长要吸取教训，从小培养孩子的安全意识。

孔圣人说，君子不立于危墙之下。

（1）告知孩子无意义的热闹不要凑；

（2）发现局面混乱出乎预料要果断撤离；

（3）一般情况下与热闹中心保持一定的距离。

我设想一个优秀的语文教师在课堂上分析古诗词就可以别出心裁。

"众里寻他千百度，蓦然回首，那人却在灯火阑珊处。"

赏析这样的诗句，我们可以说佳人在哪里，不在拥挤的人群里。甚至我们可以说，身处拥挤人群，你就失去了个人自主性、失去了个人风格，那是一个完全失控的状态，财物、人身安全都难以得到保障。

大学的名字不是最重要

昨天在同济大学，一个大学生和我谈心。

高考已过一年半了，身在同济还是心有不甘。

——说自己有上北大清华实力，退一步说复旦大学算过得去。

——强调说自己高考发挥不好，勉强来了同济。

后来我们形成以下共识：

（1）立足现在，做一个优秀的自己，做一个优秀的同济大学生；一个优秀的同济大学生会比一个一般的清华北大学生要好。

（2）为什么自己发挥不好，心态不好，心理素质也是一个人综合实力的一方面，单看到语数外是不全面的。

（3）大学的名字不是最重要，重要的是你在这四年有多少收获和成长。

（4）大学四年只是八十年人生的重要一站，人生是一个持续累积的过程。

高考不是一锤子买卖，亏了赚了在此一举。同济大学四年，你完全可以有很优秀的表现，大学毕业会有很多好机会可以选择。

关键在于你自己，而不是什么样大学，命运是掌握在自己手里的。把对清华北大的虚荣心转化成你前进的动力吧！

李嘉诚给儿子传授的赚钱真经

在此把其中几句写下来：

（1）克勤克俭，不求奢华。

（2）赚钱靠机遇，成功靠信誉。

"信义"一直是正直君子们的座右铭，也是许多父母对孩子的期望。李嘉诚能发展到今天，正如他自己所言，靠努力，更靠信义。在生意场上，李嘉诚笃信信誉是宝贵的经营资本，他时时把这种经营思想传给儿子。

（3）耐心等待成功的到来。

李嘉诚经常跟他的两个儿子说，十年树木百载成林，做大品牌，就要关注细节，要有耐心，惟其如此，才能成就你所能想象的事业。

（4）学会培养独立的生活能力。

（5）别人如果放弃，你就要出手。

任何一个产业，都有它自己的高潮与低谷。

在低谷的时候，相当大的一部分企业都会选择放弃，有的是由于目光的短浅而放弃，还有的是由于各种各样的原因而不得不放弃。所以，李嘉诚告诫他的两个儿子：在这个时候一定要静下心来认真地分析一下，是不是这个产业已经到了穷途末路，是不是还会有高潮来临的那一天？如果你考虑好了，就要抓紧时间，从别人放弃的东西中去寻找利润最大空间。

马云被拒绝10次

天将降大任于斯人也，无数次挫折造就了马云。

马云强调："我们需要学会习惯被拒绝，即使是现在。我在找工作的时候被拒绝了三十多次。去肯德基应聘，24个人收下了23个，我是唯一一个被拒绝的。我去考警察，5个人招4个，我又是唯一一个被拒绝的。——后来我申请哈佛，被拒绝了10次。"

不说肯德基和警察，单说哈佛，申请10次，有几人能做到？今天，哈佛要向马云申请了，诚挚地邀请马云先生来哈佛演讲！也许马云先生缓缓地说，我很忙，等一等我看看日程安排再说吧。

孩子做了一个专业课题

同济大学樱花大道。

礼拜天，送孩子到学校，顺便走到了樱花大道，凑凑热闹，让孩子给我照了几张照片。巧的是，同济大学学生创意大赛展示也在樱花大道，看了孩子领衔做的课题，为孩子感到高兴和自豪！孩子那一组，有一个大二助手，两个大三学长学姐，还有一个研究生，孩子自己是大二学生啊。

"很快"有多快？

五一假期，给孩子一个警告。

孩子是大学生，很忙。

电话说好的，要出去，"很快""马上下楼"。

我在楼下发动车辆，可是一等再等，就是不见人下楼。

打电话，又是一个"马上来了"，又是等了十多分钟，还是不见人影。

后来，我严肃地和孩子谈了这件事。

要明确时间；要考虑别人感受。

祭屈原

前几日，读国学经典——《笠翁对韵》，写了几句有关纪念屈原的话。

端午祭

端阳千年忆屈子，

诗人投江报国志。

永康乱国民族难，

富贵温柔有几时？

"水龙头坏了"引发的思考

家里的水龙头坏了，滴水，怎么办？

（1）我第一个想法，买一个新的换上。家就在建材市场不远，准备出发。

（2）转念一想，买什么品牌，什么价位，一无所知。马上想到找京东找天猫，备好课，再做决定。

（3）看了水龙头，是不是小问题啊？紧一紧螺丝会好吗？

（4）找工具，到修车店借工具。

（5）自己借来工具搞了半天，没有搞好。

（6）找专业师傅。找物业公司。

专业的就是不一样，师傅很快就搞好了。花钱不多，水龙头修好了，成功！

这件事感慨很多：

第一，思路很重要。

第二，专业很重要，不要什么都自己来。

《炒股的智慧》

该书是旅居美国炒股实战家陈江挺著。

该书中心思想就是牛市时抓中间一段，熊市时避开。赚钱慢慢来，不要急！

要想成功，聪明、努力、经验和运气缺一不可。运气往往偏爱最努力的人，而不是最聪明的人。牛市时全力投入，在牛市接近结束时卖掉你的所有股票。抓到牛市的70%就算是很好成绩了。每一次出手获胜概率达到70%，就算很好了。亏了，就止损，认输。准备下一次出手。亏损时，设立止损点10%或更小，绝对不要超过20%；赚钱时间，不要恐惧，敢于赚大钱，让利润奔跑。

2015年夏天买了这本书，读下来很有收获。在春天时，我和朋友聊天也说过"抓住牛市70%"的话。炒股，要有心的宁静祥和，坦然面对亏损和盈利。长此以往，定会有可观的收益。不求一夜暴富，也一定不会欠债跳楼。如此，自然会有一个丰富人生幸福人生。

炒股的智慧，也是人生的智慧。炒股是很好的人生修炼。你爱他，就让他炒股，你恨他，也让他炒股吧。

人生价值

回老家一次，感触良多。打的时与司机聊天。

我说，有同学在县城做官，交警的领导，很威风办事能力强。

司机说他感到意外，没有想到我会说出这样的话，他强调说那些人不值得羡慕。很多人在背后骂那些乱作为的交警，搞潜规则。这样的人没意思。

没有想到一个普通的司机，其人生感悟并不是我预想的庸俗，而是对人生有理性的思考。

老家的一棵花树

老家门口菜园里，有一棵花树，开着紫罗兰色的小花，一簇一簇，很惹人喜爱。后知道，花树是二哥从南方带回老家的。

二哥是农民，常到城市打工赚钱，比较固执的一个人，省吃俭用的，能吃苦受罪。没有想到，二哥从很远的南方，三百公里外，带回花树。

普通老百姓老农民也追求美，也在尽力装扮生活。

学习善良

我孩子很优秀,全面发展。名牌大学学习,能力强,专业成绩优秀,多才多艺,做班长。但是,"学习善良"要坚持的。

8月7日,孩子从香港参加港澳台大学生活动回来(2015年7—8月,满溪柳参加了香港理工大学"创新创意创业"活动竞赛),我到浦东机场迎接,很愉快。和朋友一起接孩子,所以晚上请朋友两口子和我们一起吃饭。后来,我打电话叫我侄子过来一起吃饭。孩子在旁边,反对叫我侄子。她说场合不宜,又说他说不想来就不要叫了,连续给我说了三遍。我一直忍着,没有发脾气。回到家后,我强调说:"你这样表现就是不善良。"

孩子说:"这种情况,你在别人面前没有面子?"

我说:"面子是次要的,你要学习体会我的感受,我侄子也是我的亲人,再者不要因为他是工人而看不起他,你要学会接触不同层次的人,工人农民工程师官员等等都可以接触。"

要学会放弃,放弃小事抓住重点

近几天,孩子说有许多时候,学习任务、专业课题、班级活动凑在一起,很累很焦虑烦恼。

我给孩子强调:

(1)团队活动要多给别人表现机会,自己是班长,要鼓励别人做组长,鼓励别人临时负责一个活动或一个项目。

(2)班长就是负责组织大家鼓励大家,不是时时处处冲在前边。

(3)当然,团队成员都畏惧困难的时候,你要冲在前边。

大学的两件大事:

第一,尽力把那个健康饮食的创意创新项目做好;

第二,学好英语,通过雅思考试,为出国交流学习做准备。

其他事情是小事,功课优良上不必计较,奖学金也不必计较。

明确处理好上述问题，方可心情愉快、身体健康。

时间利用和管理是科学

每一天都有计划，会很好地提高时间利用效率。

如果给你一些小石子，再给你一些更小的碎石子，再给你一些黄沙，给你一个小桶，你如何把小桶装得最多？这个问题，我相信你会处理得很好。

我们对时间却常常管理不好，我们的时间碎片化，诱惑太多干扰太多，一天下来，重要的事情花的时间少，鸡毛蒜皮的事情却占用了很多时间。因此，我们有时间计划，会帮助我们不偏离方向，不跟着感觉走。当然，我们要按计划认真执行。这就像我们先把大一些石子装进小桶里，然后再装更小的小石子，同时晃动小桶，最后再装入黄沙，同时晃动小桶。这样我们就能把小桶装得很多。

如果顺序颠倒了，先装黄沙最后装大石子，小桶就装得很少。

80%以上的人，是属于任务驱动型。被动无计划无秩序，拖延，情绪化。学习做事，最后时间完成，当然最后时间再有问题有困难，那就只有放弃。不足20%的少数人，生活、学习甚至工作，有计划，坚持执行计划，理性，主动实施时间管理。这部分人，生活质量会高，学习或工作成效显著。

孩子今天考雅思

希望孩子心态平稳一些，发挥正常水平。

水到渠成！有了充足准备，成功或不成功，都问心无愧。成功了，说明付出得到了回报，给自己一个奖励，享受几天，然后开始新的征程；不成功，找一找原因，有时运气也是一方面，但运气是我们无法掌控的，我们最好的选择就是勤奋学习,掌握科学方法。

不成功,我们先停下来,多休息几天,多做一点别的事情。过了一段时间,冷静地想一想,选择一下,是继续攻克原来的目标,还是放弃原目标选择新目标。

我们可以怀疑目标设立的合理性,不可以怀疑自己,不管你如何选择,都要积极面对前方,坚定前行!

我看"果粉"

"果粉",那是内心缺少一个"苹果",以为抢到一个"苹果"手机就可以弥补内心的空缺。其实,满足是暂时的。

"苹果"好买,"心灵之果"难修啊!

重要的事要提早完成

近几天,孩子在准备大学交流学习材料,美国杜克大学昆山分校。

申请报名9月30日截止。孩子忙了几天,总算在最后一天完成了报名申请。其实,做这样的事情,应该给自己留有余地,提前一天甚至提前两天完成较好。因为常会有突发情况打乱自己计划,容易以失败告终。

希望孩子引以为戒,重要的事要提早完成。

孩子雅思成绩是7.5。

今天孩子很高兴。老爸为她而高兴。

孩子英语学习,从初中开始,我一直对她有帮助指导。特别是高中阶段,市重点高中,老师是学校英语教研组长,但我反对那个老师的教学模式。孩子和我一起研究英语学习方法,阅读背诵为主,语法为辅,多听多读,少做练习题。事实证明,我关于英语学习的设想对孩子是有许多帮助的。

你若盛开,蝴蝶自来。

昨天,给孩子打电话。

希望她有平静的心态,享受当下。

一个人在宿舍，就安排好自己的学习，看书，看英文原著，既学习英语又学习了专业知识，一举两得。或者，一个人可以弹琴，打球。

不必对未来纠结过多，想着工作想着读研想着谈恋爱，思绪万千。

不必想很多，让自己安静下来，顺其自然。

一句话让人笑，一句话让人跳
——"我们有什么理由指责他呢？"

一位家长给女儿写信，因为近期家里有不愉快的事情，女儿已经工作一年了。我给家长建议，表达是不是可以委婉一些。这位家长听了我的话，她改变了表述。"他已经做得很好了，我们就没有理由指责他了。"

我说还可以再委婉一些。

最后表述是这样的，"我们是不是可以给予他更多的理解呢？"

反问—陈述—祈使，语句表达不同，感受就不一样，效果就会好许多。

学会委婉表达

我们和别人交流，很多时候脱口而出，凭感觉说话，很容易说错话。和别人讨论问题，特别是和亲人老师长辈说话，即使自己认为是确定的事情，表达时最好也要用疑问口气，不用反问，给自己留有余地，事情的结果常常证明是自己错了；自己是正确的，也表示了你对长辈的尊重。

不断提升自律水平

对自己要求高一点定位高一点。生活学习工作要有条不紊。吃好饭，睡好觉，微信少看也少发朋友圈。

唐代高僧大珠慧海禅师强调，修行就是饥来吃饭困来眠。今天，吃好饭睡好觉更是不容易。吃饭，有美食之贪恋有工作之忙碌，好不容易坐下来吃饭，还要先拍照发朋友圈。睡好觉也是不简单的事情，工作忙聚会忙，躺在床上，还有放不下充满诱惑的手机。另外，算计着金钱追求着升官哪里会睡得安心，好不容易放下了自己还要为孩子上学而焦虑，要睡好觉，难啊！

现在很多人走路也出了问题，看着手机不看路，摔一跤爬起来算好事了。

学习生活最好都做计划，短期计划中期计划。三天五天，也可以计划好安排好。制订计划时，要有底线思维，目标适当，执行时有信心，完成时有奖励，奖励自己。

满溪柳获2014学年度国家奖学金（专业综合排名第一）。

孩子接到美国杜克大学（中国分校）入学通知

12月3号晚上，孩子说，杜克大学中国分校为她提供全额奖学金2.4万元，等于免除了一学期交流学习的费用。

孩子很高兴。不过，紧接着她说，更希望到国外大学交流学习，大四去也可以的。我给孩子强调，杜克大学是美国名校，机会很难得，要珍惜。

一鸟在手，胜过双鸟在林啊。当然，我会尊重孩子的选择。

后 记

孩子后来放弃了到杜克大学交流机会，半年后大四时间，到德国慕尼黑大学交流学习。

满溪柳获同济大学2014—2015学年度优秀学生标兵

满溪柳获第二届"创青春"全国大学生创业大赛——同济大学决赛金奖

满溪柳独立完成该项目创意设计，组建项目团队，带领团队顺利完成课题任务。对App进行产品设计、功能优化、商业模式塑造以及思路构想；组织软件、财务专业的同学共同完成商业计划书的撰写。

满溪柳赴香港实习（上海市教委的"2016上海高校金融专业学生赴港交流项目"）

清华大学数据科学和信息技术专业研究生预录取

2016年9月下旬一天傍晚，女儿满溪柳在北京，给我发来了一条微信：

老爸，我考上了清华大学研究生，预录取清华大学计算机科学与互联网信息技术专业研究生。我回复:好啊，好啊！可喜可贺！可喜可贺！你与清华有缘啊！

2006年7月，到北京参加心理学会议，我带女儿游了清华园。在清华园门前给女儿照了一张相。那时女儿刚刚小学毕业。

2010年11月，我写了一篇短文——《清华只是人生站点之一》，是想强调，人生站点很多，清华是很好的站点，但不是不得了的事情，不是顶尖大学也没有关系，人生之路还很长。高考顺利上了清华北大，将来也未必辉煌。高考不顺，你有凌云志，不是顶尖大学你也可以成为顶尖人才。这一站没有如愿，下一站到清华读研读博也很棒啊。

2016年9月，女儿满溪柳十年后又走进了清华门，以面试第一的优异成绩，顺利通过了研究生面试。如果不做别的选择，接下来就是2017年8月正式入学清华大学研究生院。

德国交流学习半年

今天孩子就到达德国了，开始了为期半年的学习。老爸心里又多了一份牵挂。

陪伴孩子，亲子共同成长，是我最大的幸福。这幸福不单有分享孩子今天成绩的喜悦，也有和孩子一起成长的过程。

水到渠成，不急功近利。从小学到大学，孩子常常带给我惊喜，为她的优秀表现而惊喜！现在，孩子刚刚踏上大四门坎，就拿到了名校研究生入学资格，同时亚拿到了很好的工作机会。当然，老爸会尊重和支持女儿的选择。

一张一弛，文武之道。希望女儿大四一年轻松一些，多弹琴多打球，少一些专业学习的压力，多一些生活的优雅。

满樽 2016.9.30.

读研还是工作,纠结

注:下面是满溪柳写的故事和感受。

我最深的一次纠结,是大四上学期我独自在慕尼黑时候,面临着读研与工作的选择。那一次,我需要面对的是自己。自己擅长什么,想要什么样的生活,想成为怎样的人,怎样发展? 这一系列的问题,在慕尼黑长长的冬天里困扰着我。我怕来不及,怕辜负,很想快点得到解答,后来发现,那答案其实是在日积月累的生活中慢慢而来的;也学懂得了,想不通就放在一边,让自己轻松下。这段经历,让我懂得了,不会有完美的选择,也不会有最好的选择,You make the choice right,适合自己的便是最好的,还有时候你以为的阴差阳错,就随缘吧,就请去相信——那是那时我最好的选择啦!

在孩子读研还是工作的选择上,我作为父亲是希望她读研的。但是,把选择权交给孩子自己,尊重和支持孩子选择。

有关琵琶的故事

——半年德国留学很快要结束了。从上海出发时,我特地带了琵琶。半年来我常常弹琴,沉浸在琵琶古曲里,音乐给了我心灵慰藉和滋润。家里还有琵琶,就想着这把琵琶留在德国了。乐团负责人主动说到收下这琵琶,他很爽快地说给我100欧元。我说40欧元就好了。

女儿满溪柳说着她琵琶的故事,我作了如下分析:

乐团负责人是专业人士,他了解情况的,他说了价格,我们就顺水推舟。俗话说,恭敬不如从命。你说40欧元,他可能感到意外,但不是意外之喜,甚至是不舒服,有别人在场,他可能感觉面子过不去。

当然,他如果说,团里经费紧张,这样的话,我们可以少收,甚至遇到喜爱琵琶的,经济贫困的,我们可以不收钱送给他。

满溪柳撰写的毕业论文获"同济大学优秀论文"称号

孩子在大四即将毕业时,要完成论文,同时要参加实习。我提示孩子,虽然是在跨国公司实习,但投入时间要少一点,要多花时间完成毕业论文,不求结果但要尽力而为。功夫不负有心人,孩子的毕业论文达到了优秀等级。

"我要不要学驾驶拿驾照?"

女儿:老爸,我要不要学驾驶拿驾照?

老爸:你是咋想的?

女儿:很多人说,现在大学毕业了,时间宽松,是学驾驶的好时间。以后工作读研时间都很紧张。我想先拿驾照,为以后开车做好准备。

老爸:你现在想开车吗,三年内想开车吗?

女儿:不想开车。只是担心以后会很忙。

老爸:五年前学驾驶考驾照,虽然已经有自动挡汽车了,但必须学手动挡,现在你可以选择学习开自动挡汽车,而不学手动挡汽车。现在新能源汽车发展很快,是过去想不到的,现在全世界都在开发无人驾驶汽车,未来也许你不需要驾照了。退一步说,未来需要时再学习驾驶也来得及。

老爸:我们很多时候有"刻舟求剑"式思维。其实未来不是今天想的模样,剑并不在我们今天想象的地方! 很多人没有想好,学习开车,拿到了驾照,却成了本本族。

女儿:是啊,我明白了!

大学生(毕业典礼)服饰问题

同济大学大学生研究生毕业典礼于6月底举办,很隆重,参加者有学生、教师、校长、家长等。

一位家长说,这就是正常毕业典礼的样子。有校长讲话、有老师发言、有学生领奖，一切按部就班。

我作为家长，早早地来到体育馆前的广场上（典礼在体育馆举行），对陆陆续续到来的大学生有所观察。印象深刻的是看到较多的学生，穿拖鞋的，穿短裤的，甚至是牛仔短裤，带着破洞的那种，难以理解！当然穿着很正式很大方的学生更多一些。

这是毕业典礼的会场啊！是正式而严肃的场合。虽然是夏天，但不是很炎热，体育馆开着空调呢。校长和一些领导穿着礼服戴着帽子，很多学生也穿上礼服戴着帽子拍照留影。

大学生要多一些自律多一些自我约束！到什么山上唱什么歌，运动场上穿运动短裤，逛街购物休闲装，大会典礼要大方。

满溪柳获"上海市2017届优秀毕业生"荣誉。

2017同济大学经管学院毕业季回首——满溪柳

【毕业感言】

一切都显得太过匆忙的毕业季，回想与你们相遇的四年真的好幸运，这里是一切开始的地方，想起每一位小伙伴和师长都觉得如此的亲切……

有太多想说的话，千言万语汇成一句：毕业快乐，祝大家岁月安好！

远方的诸位都要照顾好自己，有空多一起聚一起闹。

要相信每个人都有自己的一片森林！

【毕业季回首】

我会记得在四平路校区的每一次奔跑，是大一大二下课后赶去民乐团演出彩排，是大三晚上讨论好项目后去赶校车，会记得在嘉定校区的每次仰望星空，或许是打完球后的酣畅淋漓，是大三不知前路如何的迷茫，是毕业季从图书馆结束论文的甜蜜。时光已将这份记忆深深打下"同济"

的烙印。哭过,笑过,爱哭也爱笑,成长很多。

1.认真地向前走,便会有答案

大学之大,就在于不再有单一的评价标准,而是只要你愿意,便可以过得活色生香,成为自己想要的样子。同济经管,也是这样一个地方。

大一大二时候,我完全不懂得原来商科生要去实习,也从没有人告诉我一个优秀的经管人该怎么样,每一步该怎么走。于是我就在课余时间参加了各种各样的学生活动,看到有意思的机会就报名。后来发现其他学校的小伙伴有的甚至大一就开始实习了,才意识到自己当时多么没有"职业规划",但也很庆幸自己拥有过这样一段纯粹时光,做想做的事情而不考虑功用。

是的,虽然没有人告诉我"优秀经管人"这个问题的答案,但这正是大学的意义所在:自己去发现自己想要的,并为之努力。我路过大学生活动中心,看到同龄人认真地一遍遍练习街舞,挥汗如雨的样子也很酷;我坐着班车从地铁站回到嘉园,听着学长学姐和我分享他们实习做的有趣项目,早出晚归却因热爱而不疲倦;我去图书馆偶遇学弟学妹,在一楼热火朝天地讨论着数学建模比赛,谁说经管没有技术牛人?

正因无拘无束,没有范式,我们才那么自由地、认真地活出了自己喜欢的模样。

2.学会选择,并为之负责

大学里有很多选择,而这些选择带来的经历变成了我们的一部分,我们从中成长。

大一下学期,当时在管理类试验班的我面临着专业选择。一个是传统的强势专业,一个是可能未来有潜力但在当时属非主流的专业。我迷茫,于是咨询了很多前辈,也评估了自己的特点和兴趣。最后,我勇敢而幸运地与现在的专业相遇。

这样一个经历让我对于选择有了几点认识:

(1)在自己不了解时,要带着开放的心态,广泛听取有经验前辈们的意见。

(2)在询问选择A与B时,不应对任何选择有偏袒,而是应该如实客观地评估,比如,不应该单方面地去证明"选择 A 是没有错的",而是应该全面地考察"A 和 B 的优劣势各是什么"。

(3)回归到最后,是和自己对话,客观地评估自己,听听自己心里最想要的是什么。有时候,我们做出选择不一定是完全被支持的,但是如果你经过认真地思考、评估,那么勇敢而坚定地去选择,你会感到很幸福。我至今都记得大一暑假时候,当最后确定专业方向时,那一刻自己的心里自由而快乐。

后来,在大三时我拿到了昆山杜克大学全球学习项目的全额奖学金,还面临着要不要去德国念"3+2"的选择。我有过纠结、矛盾,但思考评估之后两项都放弃。还记得那天爸爸送我去学校,一路上我和他说了我对于两个选择的评估,并说有 90% 的想法是都放弃。最后,爸爸听我唠叨了一路,就说了一句,"决断吧!"那一刻,我意识到选择,就是懂得决断。其实我们或许永远不可能得到 100% 的信息,该断则断,才是选择的态度。

但人也不会一直那么会选择。我最深的一次纠结,是大四上学期我独自在慕尼黑时候,面临着读研与工作的选择。那一次,我需要面对的是自己。自己擅长什么,想要什么样的生活,想成为怎样的人,怎样发展?这一系列的问题,在慕尼黑长长的冬天里困扰着我。我怕来不及,怕辜负,很想快点得到解答,后来发现,那答案其实是在日积月累的生活中慢慢而来的;也学懂得了,想不通就放在一边,让自己轻松下。这段经历,让我懂得了,不会有完美的选择,也不会有最好的选择,You make the choice right,适合自己的便是最好的,还有时候你以为的阴差阳错,就随缘吧,就请去相信——那是那时我最好的选择啦!

3.感恩当下,知足前行

2017.6.30 学校的毕业典礼,我穿着母校同济的紫色毕业纪念衫笑得灿烂;07.02 的学院毕业典礼,在拨穗之前听程名望教授致辞时我就有些感慨,上台领取毕业证书拥抱了陶建兰书记与张建同教授之后,再也忍不住离别的眼泪。

同济四年,见证了我太多的欢笑与泪水。校园的每个地方都有我的成长足迹:那是大一时候刚入学的我和同学们,在林旻老师新生周安排的第一天,一起在"国立柱"下坐成一圈自我介绍;那是大二时候雨下得特别大同舟共济的一天,我结束了清晨在南楼的英语课,有点开心地感慨蹚水深度减小,跑去北楼上Java,心里又想着要马上把大作业完成;那是大三时候我又一次结束本部嘉定的奔波,躺在宿舍床上累得睡不着但心里依旧充满期待;那是大四时候离开了校园大半年的我回到嘉定,吃着食堂的饭菜,和同学、朋友一起聊聊天都觉得无比幸福……

四年以来,何其幸运,犯过各种各样的蠢与大大小小的错,但都被包容被慈爱关怀。我深深地感谢一路上遇到的师长、朋友,是你们,让我成长,感谢相遇!

而今从母校同济毕业了,不可以像以前那样孩子气地任性,而是多一份同济人的担当与从容。

最后,愿母校同济越来越好,愿经管的学弟学妹们笑容灿烂!

【生活分享】

1.天鹅-方锦龙 琵琶曲

2.Nightingale-雅尼 轻音乐

3.I'm Forrest…Forrest Gump-Alan Silvestri 轻音乐

这三首音乐伴随我度过一个人最难熬的那段时光,音乐带给我力量。

第二节 "我思故我在"

下面选入近期所写的几篇文章。女儿大学毕业季,我对教育的、心理的以及社会热点问题思考,写下来,让女儿更多地了解父亲,让她看到父亲的修炼和坚持。亲子相互鼓励共同成长。我虽然是一位平凡的教师,知天命之年,虽然没有大风大浪,但也历经波折,追求纯净不忘初心,坚定不移,希望自己的特长能够对社会有所贡献,为社会提供正能量。

夜色深深,我心光明。

如玉如铁,欣然前行。

中国的"马克龙"会成功吗？

2017年5月7日，全世界都知道了法国新当选总统——马克龙，与此同时，令人惊讶的是新总统爱情故事，差别24岁，而且是老妻少夫，甚至有人直接说是不伦之恋。但是浪漫的法国人对马克龙离奇的爱情表示了理解和尊重，被马克龙真诚的爱情所感动，许多女性选民把选票投给了马克龙。

非凡之人必有非凡之举！两个卓尔不群之人，可遇不可求的知音，彼此成就了对方。这故事再次揭示了一个道理：成功男人的背后站着一位伟大女人。马克龙说："没有她，我就不会是我。"

在此，我谈谈由马克龙想到的问题：

（1）有恋母情结？

（2）有不幸的童年吗？

（3）马克龙在中国能成功吗？

很多人说到马克龙的爱情故事，会说到"恋母情结"。这是心理学大师弗洛伊德的理论，弗洛伊德非常强调童年经历对成年后的影响。

在中国古代，明朝有个皇帝叫朱见深，有严重的"恋母情结"。万贵妃比皇帝大整整十九岁，而皇帝对万贵妃宠爱有加，甚至要封她为皇后。之所以这样，是因为皇帝有一个不幸的童年，朱见深五六岁时，亲生的父母被囚禁在南宫，宫女太监们没有谁愿意也没有谁敢对他表示丝毫关怀。这个小孩子不但生活得艰难孤独，而且周围充满了看不见的恶意和危险。只有宫女万贞儿（后来的万贵妃）寸步不离地守护在他的身边，对他的衣食住行都亲力亲为，保障他的安全。

是不是马克龙的童年不幸福？

马克龙17岁就爱上了自己的老师布里吉特，29岁时两人结婚。至今，两人婚姻已走过十个年头，还是恩恩爱爱。

对于马克龙的父母来说，17岁儿子爱上比自己大20多岁已婚的老师，未来"毁了"。这段关系遭到他们的强烈反对，并且为了断绝两人的联系，他们为马克龙办理了转学，从亚眠转学到140多公里外的巴黎。

如果是中国父母，面对儿子奇特的恋爱，反应会特别强烈，不依不饶，甚至要闹出人命来。另外，中国整体的社会环境和传统文化，很难接受这样一个"离经叛道"的人。而马克龙在法国2012年奥朗德当选总统后，受到奥朗德赏识的马克龙弃商从政，出任总统府副秘书长。2014年8月，奥朗德任命时年36岁的马克龙出任法国经济部长。

在法国被视为浪漫传奇的马克龙恋爱史，在美国是违法的师生恋。

因此，中国式的马克龙很难出现，更难以成功。

现在很多中国的家长为孩子选择读私立学校，私立小学就开始寄宿。这样对亲子感情的培养是不利的。另外，越来越多中国孩子小小年纪被送到国外，读高中甚至初中就一个人在国外，这样对孩子心理健康发展也是不利的。希望家长对上述情况的处理要慎之又慎。

孩子在青少年时期，需要亲人陪伴和亲情滋养，金钱和功课是难以替代情感需求的。家长要充分关注孩子内心安全感的建立，培养孩子自信心。

写于2017年5月

"重要事情说三遍"——很多人会搞错的问题

近日看到央视一主持人，也在说"重要的事情说三遍"，连续重复了三遍，令人厌烦。身边也有人，会说这样的话，会连续重复三次。本来很优秀很聪明的人，却有这样低级幼稚的错误。

（一）"说三遍"不是你想的那样

"重要的事情说三遍"，目的是强调重点，可以较好地克服遗忘。例如朋友聚会时间，团队活动时间常常要提前两周甚至一个月通知，大家都很忙，忙工作忙旅游忙孩子学习等，甚至天南海北的，不早说人家到夏威夷机票都买好了。提早一个月甚至更早确定时间，大家又容易遗忘，因此组织者需要"说三遍"。但是这种情况说三遍，不是傻傻地一口气说三遍。

重要的事情说三遍，可以有以下的安排：以十天期限为例，第一天通知一次，第三天再一次通知，第九天第三次通知，这样效果会更好。

但是，现实中很多人，没有真正理解"重要的事情说三遍"，办事效果就打大折扣。

（二）"说三遍"之管理学意义——克服拖延

人们在工作和生活中普遍存在拖延现象，因此对于复杂的事情，要有通知有督促有提醒，会有效解决拖延问题。例如一个月的时间期限，要求写报告写文章写读书笔记，而这样的工作至少要五天完成的，我们就可以安排第一次通知，第十天或第十五天，督促检查，通报进展情况，有多少完成的有多少未做的，第二十三天前后做最后一次提醒。这样"说三遍"就会收到很好的效果。

（三）"说三遍"之心理学意义——克服遗忘，表现尊重

在一百多年前，德国心理学家艾宾浩斯发现人类的遗忘规律，绘制了遗忘曲线。人类要克服遗忘，收到良好的记忆效果，就要有针对性地在恰当时间学习或重复。另外，"说三遍"说得好，让人感觉更舒服，听者或受邀人会感受到对方诚恳态度，感受到了受重视受尊重。"千呼万唤始出来"，那感觉当然很好。

"重要事情说三遍"，关键是如何说，要表达诚恳的态度，要让听者舒服，我们工作和生活就会更为顺利圆满。

写于 2017 年 5 月

"人剑合一"——教师教育自己孩子

一次与几个英语老师聊天,聊学生学习。有的说,关键是家庭教育,成绩好不好主要在家长。有的说,学英语,许多学生回到家就不学了,家里没有学习氛围。由此我想到,中国人学英语是有很大难度,家里没有英语使用环境。于是,我说,英语老师在家里给孩子说英语,让孩子有更好的学习条件,孩子英语会更棒。

当时几个老师说,这样英语学习,孩子英语成绩会很好,但是太难了,做不到。一个老师家里有孩子读幼儿园,我说"你回到家里,对儿子说话,不说母语,只说英语"。这个老师本来是很优秀的,在校英语教学很棒,但他说太难了,做不到。

我们家长做事,还是随大流的,缺少理性规划和设计,缺少个性追求。

是啊,这样回家教自己的孩子是很难的,可能要事先备课,重要的那是一种全新的生活。但是,你做到了,你会更优秀,孩子会更优秀。这叫"人剑合一"。古代剑客,手中有剑而心中无剑,这是低层次,手中有剑心中有剑,人剑合一方是高境界。

我认为,全校有二十多位英语教师,有一个两个带头做起来,在家给孩子说话,只说英语,这完全可以实现。三年两年下来,取得了阶段性成果,然后带动极少数家长做起来。

我本人是学教育学心理学的,指导孩子科学的学习方法,和孩子讨论情绪管理,讨论如何处理人际关系。因为我的学习背景,会更关注孩子成长的科学性,注重培养孩子综合素质。我孩子身心健康、有特长,中学、大学学习成绩优秀。我发挥了特长,给孩子积极影响,基本做到了"人剑合一"。

当下学校教师,更多的是把自己工作当作是拿工资的手段,做到全身心投入到教育中去很难,当然少之又少。但是,我仍期望语文教师,能写漂亮的文章,沐浴在诗词的境界里;期望英语教师不假思索脱口而出说的是英语。优秀教师中多数人在一般情况下,也应把自己的孩子教育好,学有所长,讲责任有担当,成为优秀人才。

写于2017年6月

"清华与学区房"——说说楼市心理预期

2017年春天有一则很火的段子:

一对北大、清华毕业的年轻父母问禅师,买不起学区房,怎么办?

禅师说:如果北大、清华毕业的都买不起房,还买学区房做啥?

禅师说的话,很智慧。由此想到一句西方名言:上帝能创造出一块他搬不动的石头吗?这一质问,彻底击中了"上帝万能论"的要害。禅师的话也揭示了中国楼市危局。

中国楼市十多年的暴涨,创造了世界奇迹。楼市上涨原因是多方面的,有货币超发因素,有城市化迅速推进的因素,有土地垄断供求关系失衡的因素等客观原因,还有非理性"动物精神"主观因素的影响(西方经济学界把经济现象中非理性行为叫动物精神),也就是说社会人群心理预期有很大的影响。

最近在微信公众号里看到关于楼市的两篇文章,其中一篇是"连岳先生"的文章,虽然在我看来该文没有科学性,但点击率很高,影响很大,受误导的读者很多,因此在此写写自己长期学习所得。

包括连岳先生在内,许多关于楼市的文章,没有数据,或者仅仅是房价数据,什么十年前是多少万元,现在是多少万元,以此来推测未来房价要上涨。连岳先生甚至口出狂言,说马云和潘石屹都错了(这俩人都看空楼市)。当然,说十年后买楼会很便宜,马云说话可能是夸张了,但方向有道理。连岳,很多文章写得好,有道理,但他2017年说楼市说战争,凭感觉说话,那是信口开河误导公众的。他断言朝美战争不会发生,其实战争的风险很大。连岳的逻辑就是世界各国在当代都会非常理性地选择和平发展,避开战争,避免损人害己。事实上,二次世界大战的深刻教训,并没有完全阻止美国发动伊拉克战争，几十年来，世界各地的战争还是此起彼伏接连不断。可以说，当下和未来，世界各地战争难以避免，即使我们热爱和平讨厌战争，战争还会发生，甚至我们中国也要做好打仗的准备。虽然我们都接受古代孙子兵法观点：不战而屈人之兵是上上之策，但战争还会发生。

人类是有智慧有理性的，但人类一直也会有非理性行为。非理性行为走得远了，结果就是硬着陆，撞了南墙再回头。

全国影响较大的经济学家包括吴晓求、马光远、巴曙松、叶檀、李迅雷、姜超等，他们写文章，会谈到人口老龄化、城市人口净流入、房价收入比、楼市租售比等，有数据分析，严谨可信。在详尽的数据分析后，经济学家李迅雷预测楼市在2020年前后三年内，即最早2019年最迟2021年，中国楼市会下跌。

凭感觉说话，为什么很多人深信不疑？因为这些人亲眼所见，十年前房价是八千，现在房价是四万五万，十年前一万现在涨到八万，上海是一线城市，外来人口多等；还说，多次楼市调控，阻止不了楼市上涨等。是啊，十多年来，楼市是这个样子的。多年前，就有人喊"狼来了"，事实上"狼没来啊"等。也就是说，大部分人面对楼市，已经形成了"习得性无助"，放弃了常识，放弃了自己的思考和判断。

大多数人，喜欢站在过去和现在角度思考问题，并以此刻舟求剑推测

未来。十多年来楼市上涨，已让很多人形成了思维定势——楼市是上涨的。有专家说北京楼市十五年内不会下跌，被经济学家马光远批评——"傻话"。

当下中国的楼市，暴涨十多年，也到了可以停歇的时候了。马云说，十年后买楼像买白菜一样，这不一定实现，但十年后看今天，会认

为2016、2017年真是一个疯狂的年份。近年，中央政府已经明确强调，"房子是用来住的，不是用来炒的"。换句话说，现在炒房，很大可能是要亏本的。这不排除个别城市个别区域，由于新的利好而存在较大升值空间。中

央政府的政策调控必然给楼市造成很大影响。很多人说，以前多次调控都是不了了之。这次有本质不同，中央政府有领导已把楼市风险当作灰犀牛来防控，楼市未来风险已不是黑天鹅概念了。中国楼市犹如高速路上驾车，车速是130超过120了，再加速要罚款了，再加速车子要失控了。最好的选择是维持这样的车速或是慢慢降速，急刹车也是危险的。中国楼市如果再上涨或下跌很多，都会危及中国经济大局。

房地产灰犀牛会来吗？

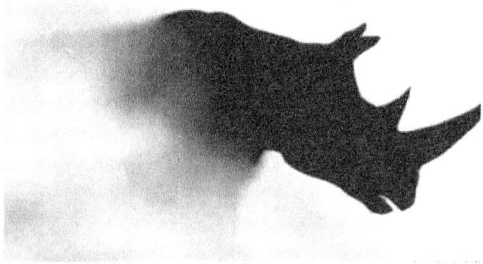

如若听不懂高层的声音，那就想想基本的经济规律吧。楼市是经济现象，其基础逃不掉经济规律的。租金房价租售比是楼市一项重要指标，租售比百分点，中国普遍是一点五，而国际上一般大约是五个点甚至有六个点以上的。中国是特殊，国情不同很有特色，甚至说"丈母娘现象"等，但如此悬殊是难以持久的，或者保守地说，畸形的租售比不可能再拉大。三年五年以后，多套房屋持有者，房子升值幻想落空，租金微不足道，自然就会选择主动卖出房产。大多数有钱人卖出房产，楼市就会下跌。

楼市和股市虽然是两大领域，但本质都是讲经济基本面的，同时都会受心理预期很大影响。2007年和2015年，在股市火爆时，都有人高喊8000点，结果是6000点5000点后掉头向下，大幅下跌。近几年中国很多有钱人，送孩子出国留学到海外发展，他们在陆续卖掉国内房产。华人富豪李嘉诚在几年前就卖出大陆楼盘，退出大陆楼市，万达老板王健林也在减少楼市的投资。请问你打算怎样的选择？

结束语：一则广告说得好，房子是用来住的，好房子一套就够了。近十年时间的房子是集万千宠爱于一身，未来的房子绝不是今天的模样。三年五年以后，房价能维持稳定大致保持现在水平，提高老百姓收入、提高房子租金、缩小房价收入比、缩小房价租售比，这就是很乐观的表现了。

写于2017年8月

谈谈家庭教育"三境界"

近期总结自己多年的家庭教育经验,感悟出——家庭教育有"三种境界"。当然有受国学大师王国维"人生三境界"启发,只是我的理解与大师的略有不同。

在家庭教育方面,有人把家长分为四个层次,第一层次:愿意为孩子花钱;第二层次,愿意为孩子花时间;第三层次,愿意为孩子学习;第四层次,愿意为孩子改变。当然,从第一层次到第四层次,由易到难,难度越来越大。我赞同这样的划分,希望家长主动积极为孩子花时间学习,希望家长在学习中成长。

当下大多数家长教育子女,很被动,被动地应付学校老师的安排,被动地应付孩子生活上的需要,甚至被动地为孩子找培训班补课,周末带着孩子奔波在补课的路上。但是,家长花时间花金钱却没有看到孩子功课有多大长进。这样的家长为孩子而焦虑,为孩子学习而焦虑,一年一年难以自拔,直到孩子上大学,感觉解脱了,撒手不管了。孩子大学毕业时,家长又焦虑了,求爷爷告奶奶为孩子找工作。这些家长后来反思下来,后悔这后悔那,后悔孩子小学时习惯不好,后悔孩子中学时家长包办代替,管得太多等等,后悔莫及。这些家长真是"为儿消得人憔悴,衣带渐宽终有悔。

有家长,面对子女教育问题,不偏听偏信,不盲从,而是花时间学习书报,请教专家,不断提升自身素质。如积极建立和谐幸福的亲子关系,了解孩子,因势利导,独辟蹊径,对孩子有合理科学的规划。再如,抓住了孩子学习生活中的重点和关键,和孩子一起成长。这样的家长就达到了第二境界:"昨夜西风凋碧树,独上高楼,望尽天涯路。"

我为孩子学习问题而焦虑,那是十年前了,是她上初中六年级第一学期的事情。当时孩子回家作业很多,没有了弹琴时间,睡眠时间不足,我为她的身心健康而担忧。女儿读小学时,全班十几名考试成绩有过,也有过英语学习的问题,但我不紧张不焦虑,一直对孩子学习有信心。

在高考前女儿也有焦虑。她对高考期望值较高,要上有名气的985大学。我就给孩子强调：凭实力正常发挥，是可以考上理想大学的，我们有信心；退一步说，有特殊情况，上不了心仪的大学也没关系，不可怕。大学其实就是学习的地方，关键是你在大学里学习如何，表现咋样。人生就是一个爬山的过程，大学只是一个重要站点。一个人暂时达到什么高度，短期风景有多少美好，上什么样大学都不是特别重要，重要的是水到渠成，持之以恒，看长期累积的结果。后来，孩子读大学时，亲子共同读了台湾彭明辉教授的书，书名是《生命是长期持续的累积》。孩子高考后，该做什么做什么，一切如常，学习看书弹琴锻炼身体，有条不紊。七月份，我一般是每天晚饭后七点半陪孩子锻炼一小时，八点半回到家。到了高考查分那一天，晚上八点查分，我们一如既往地外出锻炼，八点半回到家，这时，我们打开电脑查分，看到分数，孩子很高兴，我也为孩子而高兴，总分和我预想的很接近。知道分数了，我们就知道录取所期望的大学就没有问题了，胜券在握。

我陪伴孩子面对高考，面对高考查分，很淡定很从容。这就是接近家庭教育的第三境界了，"众里寻他千百度，蓦然回首，那人却在灯火阑珊处。"现在我虽然达到了这一境界，当然还在不断修炼，积极与家长分享我的切身经验和思考。

因此我理解的家庭教育"三境界"，分别是第一境界："为儿消得人憔悴，衣带渐宽终有悔"；第二境界："昨夜西风凋碧树，独上高楼，望尽天涯路"；第三境界："众里寻他千百度，蓦然回首，那人却在灯火阑珊处。"其中第一境界，词语稍作改动，不是原词"为伊消得人憔悴，衣带渐宽终不悔"。另外，第二境界的表达用语是大师王国维人生第一境界的描述。

希望家长在家庭教育方面，多花一些时间学习请教，免得将来后悔。在此基础上，家长就会有登高望远的感觉，亲子携手，接下来就是水到渠成，亲子幸福成长。

写于 2017 年 2 月

第四章　守住根本,拥抱未来

当下我们老百姓把孩子教育问题放在了非常重要的位置,这本身是好事,但是,教育本身的复杂性让我们迷茫,而当下因为经济利益驱动,社会上教育培训机构夸大问题误导家长,对教育的过高期望和现实形成较大的落差。这些都容易导致大多数家长的"教育焦虑"。家长与其道听途说盲目跟风临渊羡鱼,不如专心学习独立思考退而结网。

本章收集了8篇文章和一篇中小学生阅读书单,内容涉及中国古代圣贤的教育思想,涉及国外教育的新动态,意在让家长在家庭教育中拥有国际视野,从而给家长更多的选择参考;帮助家长汲取中国古代家庭教育的智慧,紧抓家庭教育的本质和基本方法;期望家长充分关注以下几个方面:亲子共济,重视孩子人格培养,培养孩子好习惯,在当下人工智能时代,认识到孩子创新能力的重要性。

期望广大家长在家庭教育方面,守住根本拥抱未来,积极乐观接受教育的新形态,亲子幸福共成长!

提升孩子情商:培养孩子九个好习惯

注:当下很多家长知道孩子的情商很重要,但常常对情商理解片面甚至误解,较多地认为孩子情感外向、情绪容易激动是情商高,认为会讨好

别人是情商高,这都是误解。情商中抗挫折能力是非常重要的,也就是以乐观态度对待挑战的能力。

好习惯之一——积极选择

1.经常对孩子讲事情的两面性,让孩子懂得任何事情都有积极的一面和消极的一面。

2.用积极的眼光看待孩子,赏识他们的长处,并告诉孩子积极看待问题的好处,让他们对积极的选择有切身体会。

3.对孩子存在的短处,要客观看待,甚至积极看待,相信孩子会越来越好。

4.当孩子心情不好的时候,告诉他用积极的心态去解决问题。

5.在家里营造轻松愉快的生活环境。

好习惯之二——独立是前提

1.帮助孩子发现自己的能力。

父母们首先要相信自己的孩子是能够独立的,同时又要在生活中创造各种条件让孩子们去发现自己的能力。您可以制定一些小的、容易实现的目标,让孩子在成功的体验中感受到独立的快乐。

2.能放手的时候尽量放手。

天冷的时候,父母们不要先对孩子说"该穿大衣了",而是要让孩子自己在感受中学会加衣服。为了孩子的独立,有时候父母不要对孩子无微不至。

3.尊重孩子的选择是让孩子独立的前提。

篮球健将乔丹的母亲曾经深有体会地说,最棘手、最不放心的问题,是允许儿女不按我为他们确定的发展道路而独立决定自己的梦想。"这也恰恰是天下多数父母都担心的问题。可是,要想让孩子真正独立,父母一定要冲破这一关,这是孩子独立的关键所在"。

4.让孩子有独立的思想。

独立的行为来自独立的思想,孩子的想法与父母不同时,父母不要急于否定他们的想法,而是要问他们为什么这样想。仔细听听他们的陈述,让孩子独立表达自己的见解。

好习惯之三——强烈的责任心

1.从简到繁,从易到难,在家庭中有意识地给孩子布置一些适当的、力所能及的任务,如打扫卫生、负责给花草浇水等,看他(她)能否完成,完成了立即加以鼓励。

2.听取孩子对家庭生活的建议。

经常和孩子讲讲家里的花销添置、人事来往,并请孩子谈谈自己的看法,或者请孩子出主意想办法。当父母经常聆听他们的意见、采纳他们的有价值的建议的时候,孩子就会心中油然而生对家庭的责任感。

3.让孩子学会自我服务,不要总是对孩子说:"你还小。""你不懂。""你不行。"而要给孩子一定的锻炼机会。

孩子们的成长速度是惊人的,远远超出成年人的想象。成年人认为孩子不能做的事,可能孩子已经完全有能力驾驭。因此,父母们要尽量给孩子一些锻炼的机会,这样孩子便可以在自我服务中增强责任心。

4.强调做事的结果,使孩子养成凡事要么不做,要做就要做得认真、做得出色、做得卓越的自我要求。

5.父母不要轻易给孩子许诺什么,给孩子提出的要求要符合他的年龄特点,否则孩子容易养成说了不算、算了不说的坏习惯。

好习惯之四——持之以恒的毅力

1.给孩子订立一些具体的目标,每天坚持去做,并及时鼓励他们。

2.当孩子坚持做一件事取得一定成效时,给他们一个奖励。奖励未必是物质的,可以是一个眼神,一个微笑,或者给孩子做一个进步记录。

3.从容易培养的习惯开始,逐渐培养孩子的毅力,这样慢慢就可以达到持之以恒。

有的父母总是觉得自己的孩子没有常性,做事不够坚持,也有的父母认为毅力就是天生的东西,是没有办法培养的,因此只能"望孩子兴叹"。其实,毅力完全可以培养出来,而培养习惯正是增强毅力的好办法,可以说,这两者是相辅相成的。毅力会在习惯的培养过程中逐步产生、增强；逐步产生、增强的毅力反过来又可以强有力地促进习惯的培养。

好习惯之五——充满自信

1.自信和自卑往往一念之差。

如果一个人善于用积极的心态去看待自己,就容易自信;如果总是用消极的心态去看自己,则容易自卑。因此父母要在这方面多引导,帮助孩子看到事情的积极一面。

2.自信在于积累。

把一件事做成功就容易增加自信,把一件事做失败,就容易增加自卑。所以,建议父母们不要给孩子设立不切实际的奋斗目标,那样非但不能帮助孩子成功,反而会打击孩子的自信。

3.培养孩子的钉子精神。

钉子之所以能钉在坚硬的墙里,一是因为它很尖,也就是目标不很大;二是因为钉钉子的时候,我们使用的是榔头,就是用的力很大。如果我们不是用榔头钉钉子,而是用拳头砸擀面杖,就一定钉不进去,因为目标太大,用力太小。父母也要给孩子讲些类似的道理和故事,让孩子懂得做事的目标和力量之间的关系,并用钉子精神去处理生活中所遇到的事故。

4.要让孩子相信天生我材必有用。

世界上的每样东西,都有自己的个性特点和用处,因此而组成了大千世界。父母要给孩子讲这样的道理,也可带孩子到大自然中去,让孩子看看山水花草。告诉孩子山有山的伟岸,水有水的潺潺,花有花的芬芳,草有草的绿茵。父母也要善于发现孩子的长处及与众不同的特点,并及时发扬光大他们的特点。

好习惯之六——懂得尊重

1.尊重的重要特点是给人发展的机会,张扬每个人的个性。

因此,无论是自尊还是尊重他人,都需要我们不用固定的模式去看待人,要求人。相信每个人的行为都有自己合适的理由。

2.要尊重孩子的想法,不要总是把孩子看成被教育的对象,给孩子表达自己意见的机会。这样,就意味着父母在给孩子做出榜样,让孩子懂得什么是尊重。

3.尊重别人的劳动。

尊重人,不仅要尊重每个人的想法、人格,还要尊重别人的劳动。比如,当他人把地扫干净时,你是否懂得爱惜;当朋友请你吃饭时,你是否懂得感谢……

4.尊重不同阶层的人。尊重强调的是每个人的生命体验,既然是每个人的,就说明每个生命都可以有不同的体验。因此,在面对弱势群体的时候,要告诉孩子平等地看待他们,以心和他们交流,而不仅仅是怜悯和施舍。

5.尊重的前提是民主,因此父母要尽可能地在家庭中创造民主的环境,这是无声的培养。

好习惯之七——保持诚信

1.父母以身作则,言行如一,对同事,对朋友,对邻居,对孩子讲究诚信,讲话要诚实、有信用。

2.如果出现了问题,父母不要推卸责任,也不要教孩子推卸责任。

责任其实是和信誉联系在一起的,如果责任在孩子身上,抓住这个教育机会,让孩子学会承担责任。

3.给孩子建立一个"信誉存折",每次孩子做了诚信的事,都要在上面记上一笔,这样就相当于给孩子一些鼓励。时间久了,诚信的习惯就会慢慢养成。

4.不存侥幸心理,不贪小便宜。

无论是学习上还是生活上,都要告诉孩子不贪小便宜,任何一次小便宜都会毁掉你的信誉。诚实地对待每一个人、每一件事,身边的人也会同样以诚信来回报你。

好习惯之八——利人利己

1.父母在家里尽量找一些大家都感兴趣的事情做,大家有兴趣,对大家都有利,做得高兴,玩得快乐,让孩子体会"利人利己"的价值。父母不要仅仅考虑孩子的兴趣,还要把自己的兴趣加进去,让孩子学会考虑父母的爱好和利益。

2.找一些损人利己、损人害己的报道拿给孩子看,及时与孩子讨论,分析人与人之间的关系,让孩子说说怎样做人最适合。

3.到市场上买了一件孩子喜欢的东西,就要让孩子明白买卖成功的原则就是利人利己,我们得到了喜欢的东西,商人赚了钱。如果让商人赔钱,他肯定不会把东西卖出去。

4.在孩子和朋友交往的过程中,鼓励孩子为他人考虑。可以先从身边人做起,比如为父母着想,为爷爷奶奶(外公外婆)着想,为同学着想。

好习惯之九——善待他人

1.善待他人就要学会了解人。

有的父母常常说:"我实在不了解我的孩子,因为他太不听我的话了!"实际上,这样的话在逻辑上是不通的。应该说,父母要了解孩子,首先要听孩子的话,听多了就会知道孩子在想什么,他希望什么,埋怨什么,需要什么。因此,建议父母蹲下来和孩子平等对话,同时也要教孩子学着去了解周围的人,用平等的眼光看待周围和自己生活环境不同的人。

2.善待他人就要学会欣赏人。

一位专家曾经谈到一个奇怪的现象。他说有一次中外孩子举行测验,测验后的分数让孩子分别拿回家给各自的父母看,结果中国的父母看了孩子的成绩后,有80%不满意,而外国的父母则有80%表示满意。而实际成绩怎样呢? 实际上,外国孩子的成绩还不如中国孩子。这说明中国的父母习惯用挑剔的眼光来看待孩子,看待别人和世界。而外国的父母习惯用欣赏的眼光来看待孩子,看待别人和世界。所以,建议父母们用欣赏的眼光去看待孩子,并教会孩子要发现别人的长处,真诚赞赏他人。

3.善待他人就要学会关爱人。

这是善待他人最重要的一点。教育的重要秘诀也是爱,我们常常说要爱得孩子不好意思犯错误,也是这个意思。父母要让孩子懂得怎样去爱长辈,爱同学,爱老师。

好爸爸的8个标准

注:美国"心理中心网"列出好爸爸的8个标准,中国家长朋友也可以参考借鉴。

1.多花时间陪孩子。

培养感情是需要时间和精力投入的,如果你能陪在孩子身边,和他们一起玩乐,听他们说话,他们会记住你的爱,感激你的付出。如果你总是很忙,无论你有何借口,孩子们都会觉得被忽视。

2.以身作则。

一个好父亲会从点滴小事中给孩子展示什么是诚实、谦逊与责任,让他们明白这才是生命中最重要的品德。

3.全家一起做饭吃。

现今,做饭不再只是妈妈的义务,父亲也要学习烹饪,同妻儿共享其中的乐趣。餐桌也是全家交流的好场所,孩子们可以谈谈自己的生活,家长也可以赞美他们并给出建议。

4.经常赞美孩子。

男性通常不太擅于表露情感,但事实上孩子很在乎大人的关注和赞赏。多表达对孩子的喜爱,哪怕只是一个拥抱、拍拍后背、亲亲脸。

5.尊重孩子的母亲。

无论你们夫妻关系如何,都应该给你的妻子以应有的尊重。父母的行为对孩子会形成潜移默化的影响。目睹父母相敬如宾,孩子也会感到自己得到认可、受到尊重。你和妻子之间的相互尊重会直接影响到孩子日后的择偶观。

6.定下规矩，奖罚分明。

现代育儿观念的一大误区是，很多父母与孩子之间没有明确界限。父母应该给孩子立下明确清晰且奖罚分明的规矩。既让孩子懂得了"无规矩不成方圆"，又能让孩子感受深深的爱意。

7.做个亲切有耐心的老师。

家长是孩子的第一任老师，也是孩子的最好老师。从孩子很小时，就要耐心倾听他的想法和难题，从日常事例中教给孩子基本生活经验。

8.给孩子读书。

书本是激发孩子想象力的最佳选择。从孩子很小的时候开始，就可以读故事给他听。培养其阅读兴趣有助于改善个性及促进身心发展。

教育专家给家长的103条建议

写在前面的话：这是网上看到的帖子，是什么样的教育专家搞不清了，但总结得很好，希望提供给家长朋友学习参考，希望对家长朋友会有所帮助。

教育篇：

1.每天花半个小时和孩子交流。

2.和孩子在家也要使用文明用语，"早上好，请，谢谢，晚安"等等。

3.让孩子养成爱卫生的好习惯。

4.多听听孩子的声音！——用耐心、用爱心、用开心，心是长着眼睛的！

5.不要为了提醒孩子，而总是揭孩子的伤疤。

6.严肃指出孩子的错误！

7.不要总对孩子一本正经，要多和孩子一起欢笑：因为笑声能让孩子更加热爱生活；引导孩子积极、轻松愉快地看待事物。

8.给孩子讲故事，要有耐心，故事有一定的教育意义。

9.不要把当年未曾实现的理想强加在孩子身上，想让孩子去实现。

10.关爱孩子但适当时候适当的惩罚也是需要的，不要护孩子的短。

11.教育并不一定只是讲道理,有时适当可以采取一些强硬的措施。

12.结合孩子的表现,每天思考至少一个关于孩子成长的问题。

13.对幼儿进行艺术教育,培养幼儿高雅的审美情趣,注意引导、丰富幼儿的感性认识,在大自然中加深幼儿的情感体验,是非常有益的。

14.对于幼儿时期的孩子,不要让他们长时间地和自己的父母住在一起,隔代更亲,不利于教育。也许没有科学道理,但绝对适用。

15.注意培养孩子的善心。古人云:勿以恶小而为之,勿以善小而不为。

16.教会孩子微笑,微笑面对生活的一切,微笑面对人生。

17.对孩子不要乱许愿,承诺的事情想尽一切办法也要兑现。

18.要常换位思考!对孩子的所做、所想,家长应常换位思考,假如我是孩子的话,我将会怎样?

19.给孩子一定的空间和自由,同时给一定的压力和责任!

20.向孩子说明,他本身已经很可爱了,不用再表现自己。

21.从来不说孩子比别的孩子差。

22.绝不用辱骂来惩罚孩子。

23.在孩子干的事情中,不断寻找值得赞许的东西。

24.不要吓孩子。以免造成孩子过分胆小、怕事。

25.不要当众批评和嘲笑孩子,以免造成心理畸形,失去自信心等。

26.不要对孩子过分严厉。以免孩子惧怕、害羞不敢发表自己的观点,养成面善心恶的性格。

27.不要过分夸奖孩子。以免孩子养成"沽名钓誉"的不良习气。

28.不要暗示孩子做不良的事。比如,打架一定要打赢回来、自己的东西不给别人吃、乘车不购票等。

29.让孩子正确树立心目中的偶像。

成长篇:

1.给孩子一些私人空间。

2.给孩子选择的机会和权利。

3.让孩子自由选择自己的伙伴、朋友。

4.让孩子做想做的事。

5.让孩子做一些力所能及的家务,如洗洗自己的衣服、烧水煮饭等,让他意识到自己是家庭成员中的一分子。

6.为孩子准备一个陈列架,让他在上面展示自己制作的物品。

7.认真地对待孩子提出的正经问题和看法。

8.把孩子当作成人一样,和他平等相处,把孩子当成自己的朋友。

9.及时发现孩子的点滴进步,懂得赏识孩子。

10.记得对孩子说:我爱你,你是我的宝贝!

11.记得经常亲吻你的孩子,抱抱他(她),摸摸他(她)的头,让他(她)知道你的爱!

12.随时关注他(她)的进步,并也让他(她)自己知道自己的进步! 及时发现孩子的点滴进步,懂得赏识孩子。

13.多与孩子沟通,了解孩子,与孩子同行。

14.不要给孩子贴上"笨"的标签。

15.家长要耐心地倾听孩子的烦恼。

16.要学会真诚地赞美孩子,而不是像对宠物一样说句"你真聪明"。

17.让孩子经常有机会和他的同伴在一起。

18.关心孩子的身体健康,更关注孩子的情感需要。

19.先成人再成才,教育的根本目标是培养人,一个健全的人。

20.在生活中创设一些困境,和孩子一起度过。

21.鼓励孩子尽量不依赖成年人。

22.了解孩子有哪些朋友,这很重要。

生活篇:

1.给孩子一些钱,让孩子学会理财。

2.没有得到孩子的许可,不要看孩子的日记与信件。

3.经常和孩子郊游。

4.睡前给孩子讲讲故事,让孩子笑着入睡!

5.给孩子一个主要供他玩耍的房间或者房间的一部分。

6. 如果有条件,每天晚饭过后和孩子到户外散散步。

7. 快乐与孩子一起分享!

8. 对小家伙开心的笑,并希望他(她)也常笑!

9. 帮助孩子与来自不同社会文化阶层的孩子正常交往。

10. 鼓励孩子与各种年龄的人自由交往。

11. 给孩子留出真正的"玩"的时间和空间。

12. 教会孩子骑自行车,游泳,这都是进入社会的一种基本技能。

13. 每天早上与孩子相互问候,让他感受到美好的一天的到来。

14. 夫妻实在要吵架,请一定要记住:避开孩子。

15. 每天下班回家看到孩子,首先微笑着问他一遍:孩子,你今天快乐吗?

16. 不给他留有太多的物质遗产,给他一个健康的身体,给他一个健康的心理,一个快乐的人生。

17. 着重进行孩子的生活能力和行为习惯的培养。

18. 孩子房间里或者桌面上凌乱,只要与创作、学习有关,就不要责备。

19. 父母对自己的双亲要孝敬有加,让孩子觉得家中充满了爱,同时父母也是他们值得学习的榜样。

20. 父母之间要互相谦让,相互谅解。

21. 不要太关心孩子。"自己的事情自己做",以免孩子养成以我为中心的坏习惯。

22. 不要太亲近孩子。让他与年龄相仿的孩子多交往,以免孩子养成性格孤僻的恶习。

23. 不要孩子要啥买啥。让他知道"劳动与所得、权利与义务"的关系。以免孩子养成好逸恶劳的性格。

24. 生活中的困难以及一些家庭大事有时可以和孩子商量商量。

25. 对孩子的爱要稳定,不要一会儿晴,一会儿阴。

学习篇:

1. 和孩子一起读书,家长可以看看报,一个好的学习伙伴很重要。

2. 孩子在家学习,家长切莫搞一些娱乐活动,一个舒适的学习环境很重要。

3.不要逼孩子学自己不喜欢的东西。

4.不要因为孩子的成绩而责骂孩子。

5.不要因为孩子试卷上的低分而认为孩子没有出息。

6.教他(她)足以带来成就感的知识:古诗、数字、故事、家务、玩耍、交朋友。

7.教育孩子读好书、好读书

8.不要对孩子的学习成绩表示太大的关注,那样会造成孩子学习紧张,压力增大。

9.不要把孩子的成绩与其他孩子相比,要分析一下造成这种现象的原因,反思一下有没有自己的责任。

10.孩子的房间要有自己的书桌,书桌上要有几本自己爱看的书,如《格林童话》《伊索寓言》等。

娱乐篇:

1.和孩子一起看他喜欢的动画片、一起听他爱听的故事等。

2.和孩子一起玩游戏、锻炼身体。

3.控制孩子看电视的时间,每天在半个小时到一个小时之间。

4.多让孩子看一些少儿节目:动画片、益智节目等,少看动作片、连续剧。

5.孩子看电视时,家长们适时地陪他们一起,并且对里面的内容作一些讲解与讨论。

6.春天可以和孩子骑自行车去郊游,夏天和孩子一起去河边游泳,秋天则背着铁锅和孩子去野炊,冬天一家三口在野地上打雪仗,堆雪人。

7.允许孩子收集各种废弃物。

8.孩子的朋友来做客时要表示欢迎。

9.和孩子下棋,让孩子知道落子无悔,教育他对自己所做事要负责任,同时下输了要承认,家长有时也要放手让孩子赢一两盘,这对孩子来说很重要。

告诉孩子的话：

1.对你不好的人，你不要太介意，在你一生中，没有人有义务要对你好，除了我和你妈妈。对你好的人，你一定要珍惜、感恩。

2.没有人是不可代替，没有东西是必须拥有。看透了这一点，将来就算你失去了世间最爱的一切时，也应该明白，这并不是什么大不了的事。

3.生命是短暂的，今天或许还在浪费着生命，明日会发觉生命已远离你了。因此，愈早珍惜生命，你享受生命的日子也愈多，预期盼望长寿，倒不如早点享受。

4.爱情只是一种感觉，而这感觉会随时日、心境而改变。如果你的所谓最爱离开你，请你耐心地等候一下，让时日慢慢冲洗，让心灵慢慢沉淀，你的苦就会慢慢淡化。不要过分憧憬爱情的美，不要过分夸大失恋的悲。

5.虽然，很多有成就的人士都没有受过很多教育，但并不等于不用功读书，就一定可以成功。你学到的知识，就是你拥有的武器。人，可以白手起家，但不可以手无寸铁，谨记！

6.你可以要求自己守信，但不能要求别人守信，你可以要求自己对人好，但不能期待人家对你好。你怎样对人，并不代表人家就会怎样对你，如果看不透这一点，你只会徒添不必要的烦恼。

7.我买了二十六年的六合彩，还是一穷二白，连三等奖也没有中，这证明人要发达，还是要努力工作才可以，世界上并没有免费的午餐。

8.亲人只有一次的缘分，无论这辈子我和你会相处多久，也请好好珍惜共聚的时光，下辈子，无论爱与不爱，都不会再见。

中国父母的付出，80%是没用的

养孩子和做任何其他事情一样。不要用战术上的勤奋掩盖战略上的懒惰。

你要分清什么是"真正有用的事"，什么是"看起来有用的"，还有"喂，你们大家看见了吗，我在做这件事哎。"

情绪该如何管理同样适用于父母和孩子之间的关系。

有个不得不承认的事实:中国父母这一生,都有着操不完的心。其中操心操得最多的就是孩子的成绩。我有一个朋友,不惜辞去公司一把手位置,回家做了全职妈妈,为了孩子的学习殚精竭虑,付出一切,可孩子不开窍,成绩一直在下游徘徊。她亲自上阵辅导孩子写作业,但孩子可以磨磨蹭蹭地写到夜里十一二点;她下血本报了很多辅导班,可孩子就是学不进去;她精心设计了很多奖励方式,但是收效甚微。一说到孩子学习,她就特别难过:"说不在意孩子成绩,让她快乐成长的都是假的,我在意得要死。"

虽然很残忍,但是我想告诉她的是:你的付出,80%都是没用的。

孩子的成绩到底跟什么有关?

20世纪90年代末,国外开展了一项关于儿童早期教育的长期跟踪研究。研究调查了一千所学校里两万多名儿童的学业进展,来揭示究竟哪些因素和孩子的成绩有明显的相关性。最终,出现了一个颠覆常识、出乎意料的研究成果。先列出8个相关因素:

1. 小孩拥有高学历父母

2. 小孩拥有完整的家庭

3. 父母拥有较高的社会及经济地位

4. 小孩的父母最近把家搬到更好的小区

5. 小孩的妈妈在30岁或者更晚的时候生她的第一个小孩

6. 小孩的妈妈在孩子出生后到幼儿园之前不工作

7. 小孩在家里面有很多书籍(父母看的)

8. 小孩的父母每天给他们读书

研究发现,有4个因素与孩子后来的考试分数高度关联,而剩下那4个因素毫无影响。大家可以先猜猜,哪些和孩子成绩有关,哪些无关?

有关:小孩拥有高学历的父母

无关:小孩拥有完整的家庭

父母学历高,孩子成绩优异,这是意料之中的事。毕竟他们很看重教育,智商较高的父母往往教育水平也较高。但是完整的家庭对孩子的成绩并无影响。这个结果对于那些为了孩子的学业选择隐忍的父母来说，简直是致命一击。

想先说一个故事。著名作家池莉曾经和老公吵得不可开交，所受屈辱数不胜数，她断定自己的婚姻已然失败。"婚姻本身，没什么可以多说的，可以简单归结到一个字：缘。缘分尽了就是尽了。但是婚姻一旦涉及孩子，那就是一个字，万个字，无数个字也难以排解的矛盾和艰难了。"为了孩子，她选择忍耐，和丈夫签订了离婚协议，同室但分居。就这样，撑到孩子初中毕业那一天。池莉觉得可以向孩子坦白了，话还没说完，就被女儿打断。"其实早就知道了，我上初中不久就在书柜里看到了你们的协议书。我没有告诉你，是因为你们一定是担心我学习分心，担心我像别的孩子那样闹别扭，既然这样，那我就成全你们的苦心吧。"

原来懂事的她在父母面前装了四年的"无知"。聊天时，女儿还反过来安慰起了池莉，如果婚姻不和谐，离婚对大家都好。后来，池莉的女儿考入了伦敦政治经济学院。你会发现，父母的离婚对孩子的成绩并没有造成什么影响。

为了孩子的学业，努力维持一个完整的家庭，这成为很多父母所坚持的偏执。

其实你们相不相爱，孩子最知道。就像我邻居家的孩子，知道父母为了她假装恩爱的时候，突然不吃不喝不去上学了。有时候，光坚持形式上的完整，而丧失了温情，其实是最伤孩子的婚姻姿势。

有关：小孩的妈妈在30岁或者更晚的时候生她的第一个小孩

无关：小孩的母亲在孩子出生后到幼儿园之前不工作

《魔鬼经济学》一书中说过这么一段话："假如一名妇女30岁之后才要第一个孩子，这个孩子在学校成绩好的概率会较高。这样的母亲往往是想接受高等教育或在事业上有所成就。"

换算到中国，也是如此，晚婚晚育的好处，我们听过太多，只不过中国晚婚晚育的年龄会比国外要早一些而已。研究表明，26—28岁是女性生育的黄金时间，生的孩子也会更健康，更聪明。所生子女的平均智商可达109.29。

与此同时呢,母亲在孩子上幼儿园之前都辞职在家不工作,对成绩毫无帮助。

这真是扎了全职妈妈的心啊!我们牺牲自己,付出一切,竟然对孩子的成绩一点用都没有?!

有部韩剧说:"孩子的成绩,取决于爸爸的经济实力和妈妈的情报能力。"妈妈的情报能力,就在于每天了解大量的养育信息和大力搜罗好的兴趣班和培训班,为孩子规划一个孩子将来。而全职妈妈的情报能力,绝对是一流的。

武汉的一位爸爸在网上讲述了一段心酸育儿经历:

自从孩子出生,我妻子就辞职在家专心带孩子。在我的记忆中,儿子从小学三年级就开始,就被他妈妈逼着上培优班,从没有过周末。6年来,妻子把他送进的"培优班"不下3个。早晨6点走,在公共汽车上,妻子一手端饭,一手拿水,解决掉早餐,就去培训班了。晚上9点下课回家,儿子还要完成学校老师布置的作业,12点才能休息。有一次儿子对我说,他在学校课堂上哈欠连天,培训班作业已让他筋疲力尽了,哪还有心思去听老师的讲课?他人坐在课堂上,眼前看到的只是一个幻影。而他母亲付出这么多,产生了自我感动,每次都跟孩子说:"我都是为了你啊!"然而,儿子因为精神压力过大,白头发越来越多,更讽刺的是,成绩没啥好转,还产生了厌学情绪。承认吧,那些年我们费尽心思的陪伴和苦心钻研的教育技巧,对孩子的成绩,并无帮助。

有关:父母拥有较高的社会经济地位

无关:小孩的父母最近把家搬到更好的小区

前段时间,高考成绩公布,高考状元出炉了,没什么意外,状元大多依旧家庭殷实,家境优渥。去年,北京高考文科第一名熊轩昂说:"我是中产家庭孩子,生在北京,在北京这种大城市能享受到的教育资源,决定了我在学习时能走很多捷径。现在很多状元,都是家里厉害,又有能力的人。"不得不承认,父母拥有较高的社会经济地位,可以影响孩子的学习成绩,把一些人远远甩在身后。而父母的不努力,不上进,可能就会让孩子被别人远远甩在身后,不止一条街。

正如作家王耳朵所说："你不尽力打拼和赚钱，就无法让孩子接受优质的教育；你没有好的学历，就不会提前告诉孩子读书的重要性；你不懂得教育是一个过程，就永远培育不出适应社会的孩子。"

但是，孩子的成绩却与是否搬入条件较好的小区无关。搬到好小区，甚至学区房就能让孩子成绩更好？洗洗睡吧，这只是你一厢情愿的表面现象。正如换了好鞋不会跳得更高，是一样的道理。

有关：家中藏书多

无关：父母每天给孩子读书

家中藏书多就可以让孩子成绩变好？有点扯吧？其实细想，发现很有道理。

举个例子。如果你是个爱读书的人，家里有很多藏书，就算你没有坚持每天给孩子读书，你每天手不释卷的样子，也会被小孩子看在眼里记在心上。他们会认为读书是生活的一部分。当他们认字以后，就会自然而然地喜欢读书，成绩也不会让你担心。如果你的最大爱好是玩手机打游戏打麻将，家里有牌局，天天出入的都是牌友，两口子讨论的都是哪个剧好看，哪个游戏好玩，谁的牌技好。

就算你每天晚饭后坚持给孩子读上一小时的书，小孩子对书的兴趣也不会比对手机、游戏、麻将大。因为对他来说，手机、游戏、麻将才是生活中必不可少的内容，而不是书。那孩子就不会喜欢看书，成绩自然不会如你所想的那样好。之前听过一句话：

"小学成绩具有强烈的欺骗性，没有海量阅读支撑，只会饿死天赋，6—12岁阶段，是阅读能力的黄金时期。"如果一个孩子从没有读过一本好书，甚至没读过一本超过10万字的书，那这个孩子的天赋就会被饿死，更别提成绩了。

"父母是什么样的人"远比"父母为孩子做什么"更重要。

不知大家有没有发现，无论是父母学历、经济社会地位、家中藏书多少，还是母亲的生育年龄，说的都是父母本身的特点，即"父母是一个怎样的人"。而保持家庭完整，母亲放弃工作，搬到更好的小区，费心为孩子读书，说的都是父母的行为，即"父母对孩子做了什么"。而以上的全部事实表明:"父母是什么样的人"远比"父母为孩子做什么"更重要!

这个结论的意义远比看上去深刻得多。

与其为孩子,学会在婚姻里隐忍,不妨解脱自己,也解脱孩子;

与其为孩子的成绩殚精竭虑,不妨审视一下自己,是否在孩子身上押注,倾注全部了心血,而放弃了自我成长和追求。

与其逼孩子看书,监督孩子写作业,不妨先逼自己一把,以身作则,用环境影响孩子。记住,还是那句老话,育儿先育己,要不然你的付出,80%是无用的。

（注:本文作者——彭萦,青年学者）

偏僻高中只上半天课　高考录取率不降反升

注:家长要了解教育改革动向,了解学校教学大概特点,帮助孩子找到合适、科学的学习方式,提高学习效率。

一所县里的高中只上半天课?

最初,几乎没有人相信这是真的。在大部分人的印象里,高中的时间都被各科老师填得满满的,尤其是各地的县中,更是以严格的军事化管理著称。更令人惊异的是,这所中学自从进行"每天只上半天课"的教改措施之后,高考升学率不降反升。并且,难能可贵的是这一卓有成效的教育改革持续了十多年。这样的学校就是山西省新绛中学。

被现实逼出来的教改!

新绛中学是一所百年老校,是山西省示范高中,但在2004年以后,学校一度遭遇办学危机:周边一批民办校兴起,学习成绩好或家庭经济条件好的学生都选择到市区和民办学校就读,导致学校生源明显下降,部分教师也辞职到民办学校去拿高薪了。"生源相同的情况下,教学质量取决于模式;模式相同的情况下,教学质量取决于生源,我们要提高教学质量,就必须进行课堂改革,彻底改变教学模式。说白了,就是激发学生的学习自主性,要打倒老师满堂灌!"校长宁致义说。

从2005年开始,新绛中学尝试课堂教学改革。2005年,时任副校长的宁致义提倡教师精讲少讲,最大限度地让学生自主学习。有些教师为学生每节课编写一个自主学习的方案,这种有学案的课堂当时被人们称为"学案课堂"。

2007年,宁致义将一部分班级列为实验班,在这些班里把桌子围成一圈,学生们环桌子而坐。他还取消了固定讲台,教室里没有了前后概念,教师走在学生中间,用学案引领学习,解答释疑。这就是现在新绛中学课堂环形坐位法的雏形。为了引导学生从题海中走出来,宁致义让学生写学习总结和小论文,或者称为"学习报告"。目前,新绛中学已经用各种形式的学习报告代替了课后作业。一系列创新实践,使自主合作探究的学习方式落地生根,也组成了"半天授课制"的基本内容。一开始,实验班的开设,遭到家长反对,但校长宁致义顶住了压力。

为了在校园里创造更好的自主学习空间,他给每个教室都配备了一定数量的计算机,学生随时可以上网查阅资料。学校图书馆、图书城、计算机室、理化生实验室、农作物实验田、运动场等课外活动阵地,全天向学生开放。与此同时,学校还成立了阅读、写作、演讲、书法、绘画、科技、音乐、体育等几十个社团。

2014年,新绛中学实行了整体搬迁,新校建筑为了更切合适应"半天授课制"的需要,将每个教室与一个3000平方米的"读书城"连在了一起。

十多年来,新绛中学教育改革持续推进,取得了令人信服的成果。2015年,随着新一轮基础教育课程改革的推进,在省市县教育行政部门的指导支持下,成立了以宁致义为主持人的名校长工作室。

小初高基础阅读书目(《人民日报》推荐)

书单特点

有针对性:根据不同年龄阶段,符合其认知水平和鉴赏能力,且满足不同的层次需求。以启迪教育为主,尊重孩子个性发展和生长规律。

体裁丰富:包含童话、寓言、散文、小说、诗歌、传记、科普等体裁。

名作新篇:荟萃古今中外经典读物,涵盖前沿作家的畅销作品。

涉猎面广:涉及文学、历史、科学、艺术、伦理、美学等领域。

阅读建议

兴趣优先。书单内容多,难以穷尽,根据兴趣选取部分,提倡做批注、写点评(例如新课标规定要读的《水浒传》《三国演义》)。

粗细结合。有的作品可以粗读泛读,了解梗概即可,比如《钢铁是怎样炼成的》,有的作品可以精读细读,逐字逐句到位,比如《论语》。

读抄结合。优美的文学作品,可边读边摘,挑选词句章节做摘抄(例如《林清玄散文集》),三五本摘抄本下来,胜过市面上一切写作素材书。

读评结合。可挑选几部印象深、感悟多的作品,写读后感或书评。(例如路遥的《平凡的世界》,余华的《活着》)。

一年级:

《稻草人》——叶圣陶著

《中国神话故事》——聂作平编

《蝴蝶豌豆花》——金波编

《小猪唏哩呼噜》——孙幼军著

《神奇校车—桥梁书版》——美国乔安娜柯尔著

二年级:

《没头脑和不高兴》——任溶溶著

《月光下的肚肚狼》——冰波著

《声律启蒙》——车万育著

《三字经 千字文 弟子规(译注本)》

《安徒生童话》——(丹麦)安徒生著

三年级:

《三毛流浪记》——张乐平著

《宝葫芦的秘密》——张天翼著

《舒克贝塔传》——郑渊洁著

《千家诗》——(宋)谢枋得(明)王相选编,李乃龙译注

《绿野仙踪》——(美)弗兰克著,马爱农译著

四年级：

　　《奇妙的数王国》——李毓佩著

　　《成语故事》——李新武编写

　　《希腊神话故事》——邓敏华编著

　　《刘兴诗爷爷讲述中国地理》——刘兴诗著

　　《哈利波特与魔法石》(英)罗琳著,苏农译

五年级：

　　《西游记》——(明)吴承恩著

　　《草房子》——曹文轩著

　　《我的妈妈是精灵》——陈丹燕著

　　《狼王梦》——沈石溪著

　　《少年音乐和美术故事》——丰子恺著

　　《鲁滨逊漂流记》——(英)笛福著,鹿金译

六年级：

　　《寄小读者》——冰心著

　　《绘本聊斋》——(清)蒲松龄著,施大畏绘

　　《庄子说》——蔡志忠著

　　《超新星纪元》——刘慈欣著

　　《三国演义》——(明)罗贯中

　　《小王子》——(法)圣埃克苏佩里著,林珍妮译

七年级：

　　《繁星·春水》——冰心著

　　《朝花夕拾》——鲁迅著

　　《射雕英雄传》——金庸著

　　《撒哈拉的故事》——三毛著

　　《狼图腾》——姜戎著

　　《追风筝的人》——(美)胡塞尼著,李继宏译

八年级：

　　《水浒传》——(明)施耐庵著

《茶馆》——老舍著

《闲话中国人》——易中天著

《人间词话》——王国维著

《苏东坡传》——林语堂著

《飞鸟集》——（印）泰戈尔著

九年级：

《红楼梦》——曹雪芹，高鹗著

《文化苦旅》——余秋雨著

《我与地坛》——史铁生著

《诗经》——王秀梅译注

《人间草木》——汪曾祺著

《瓦尔登湖》——（美）梭罗著，潘庆龄译

初中生基础阅读书目 **人文**（6种）

20、《论语译注》，杨伯峻
21、《名人传》，（法）罗曼·罗兰
22、《汉字王国》，（瑞典）林西莉
23、《苏菲的世界》，（挪威）乔斯坦·贾德
24、《你一定爱读的极简欧洲史》，（澳大利亚）约翰·赫斯特
25、《杰出青少年的 7 个习惯》，（美）肖恩·柯维

初中生基础阅读书目 **科学**（5种）

26、《科学的旅程》（美）雷·斯潘根贝格、（美）戴安娜·莫泽
27、《数理化通俗演义》，梁衡
28、《发明的故事》，（美）布里奇斯
29、《数学家的眼光》，张景中
30、《海底两万里》，（法）儒尔·凡尔纳

@人民日报 PEOPLE'S DAILY

高中生基础阅读书目

文学（15种）

1、《宋词三百首》，上疆村民（编）

2、《古文观止》，吴楚材、吴调侯（编）

3、《红楼梦》，曹雪芹、高鹗

4、《呐喊彷徨故事新编》，鲁迅

5、《家》，巴金

6、《雷雨》，曹禺

7、《围城》，钱钟书

8、《白狗秋千架》，莫言

@人民日报

@人民日报 PEOPLE'S DAILY

高中生基础阅读书目

文学（15种）

9、《莎士比亚喜剧悲剧集》，（英）威廉·莎士比亚

10、《蒙田随笔》，（法）蒙田

11、《堂吉诃德》，（西）塞万提斯

12、《巴黎圣母院》，（法）雨果

13、《高老头》，（法）巴尔扎克

14、《复活》，（俄）列夫·托尔斯泰

15、《百年孤独》，（哥伦比亚）加西亚·马尔克斯

@人民日报

@人民日报 PEOPLE'S DAILY

高中生基础阅读书目

人文（9种）

16、《傅佩荣译解大学中庸》，傅佩荣

17、《史记选》，王伯祥（选注）

18、《中国哲学简史》，冯友兰

19、《谈美》，朱光潜

20、《苏东坡传》，林语堂

21、《民主的细节》，刘瑜

22、《万历十五年》，（美）黄仁宇

23、《理想国》，（古希腊）柏拉图

24、《菊与刀》，（美）鲁斯·本尼迪克特

@人民日报

@人民日报 PEOPLE'S DAILY

高中生基础阅读书目

科学（6种）

25、《从一到无穷大——科学中的事实和臆测》，（美）G·伽莫夫

26、《科学的历程》，吴国盛

27、《数学大师——从芝诺到庞加莱》，（美）埃里克·坦普尔·贝尔

28、《宇宙》，（美）卡尔·萨根

29、《物种起源》，（英）查理·达尔文

30、《蚕丝——钱学森传》，（美）张纯如

@人民日报

后 记

《厚德共济 清华可期——一位父亲的教子历程》即将出版之际，心里有很多话要说。

感谢有关专家和朋友给我的指导，感谢女儿满溪柳刻苦努力勤奋学习，在挫折中不断成长，感谢教育过满溪柳的老师们，包括琵琶老师、书法老师。

本书的出版，得到了出版社编辑胡志恒老师的大力帮助，在此表示衷心感谢。

在书稿撰写中，张海校长给了我非常大的鼓励。张海校长是上海市教育专家，多年来以德育研究和教育管理实践在全国享有盛誉。在书稿准备出版之际，张海校长欣然作序。在此对这位教育名家的指导表示衷心感谢。

在此还要特别感谢的是书法家厉建青老师，他也是满溪柳的书法老师，厉老师为本书题写了书名。

对读者负责，为读者拿出含金量高的一本书，是我的初衷。没有想到撰写本书很辛苦。原以为把孩子中学成长的故事汇集起来，把自己多年来撰写的有关教育的文章汇集起来，在此基础上，再进一步总结自己的心得体会，就可以完成了，而实际情况远远超出想象。2016年10月开始，书稿历时半年多基本完成，后来，对书稿进行了两次大的修改，对书中每一句话甚至一些词语都有反复推敲，历时一年多完成书稿。

我在陪伴女儿成长过程中，一周写几句话，写一段文字。一言一行，日积月累，不断滋养着孩子健康成长。我女儿有中考失利，有过学习成绩下降，因挫折流过泪水。这都是成长的痕迹。

文中的一段段文字，一个个故事，朴实无华，描绘了亲子幸福共成长的旅程。

满 樽

2018年8月

重印说明

2018年9月,历时两年时间撰写,《厚德共济 清华可期》终于出版发行,看到自己的成果,很是欣喜。

读者反响积极热烈,超出了我的预期。一年时间,本书受到了很多家长读者的欢迎,说读了我的书之后,收获很大。有家长说自己视野开阔了,焦虑大大降低了(有一位安徽淮南市的家长说孩子中考,全家都焦虑,表示读了本书大有收获);有家长在反思自己的问题,转向追求亲子共同成长;有家长表示会减少孩子过多的学习项目(家长说读了本书,取消了一门几百元的课程);有家长说不迷信名牌小学名牌中学了;有一位未见面家长,积极地在自己微信群里推荐,有十多位朋友买书。本书也受到了多位专家(校长)的好评和支持鼓励,其中有上海市浦东新区、松江区、闵行区多位校长,有来自江苏省苏州市的校长还有安徽省亳州市的校长,在此向这些校长表示衷心的感谢! 在此还要感谢顾丽辰先生(上海市人民检察院三级高级检察官)给我的支持! 他一人买了30本书送亲朋好友,令我感动不已。顾先生博览群书知识渊博重情重义,和他因书结缘深感荣幸。

本书在修订过程中,单位领导和同事给予了关心、鼓励并提出了许多指导意见。在此表示衷心的感谢!

本书此次重印,第一,更多地从家长和中学生角度考虑,增加了多篇关于中学生学习方法的文章,删去了一些不重要信息,希望增加的文章对家长指导孩子学习有更多帮助;第二,补充了一些最新的信息,文章有的例子反映了2019年高考结果,增加了文章的生动性和说服力;第三,本书版面和内容略作调整,同时增加了一些与文本相契合的图片,提高了阅读的趣味性,也有利于读者对文本内容的理解。

期望本书能受到更多家长和高中学生喜爱,助力亲子幸福共成长,帮助孩子取得更好的学习成绩,帮助更多家庭收获亲子关系的美好。

满 樽

2019年8月